アイデアの紡ぎかた

制約をチャンスに変える

コピーライター 堤藤成

ぱる出版

はじめに

「ない」ことの制約に囚われて、溺れかけていませんか

本書を手に取っていただき、ありがとうございます。まだ立ち読み段階かもしれませんが、よければこの『アイデアの紡ぎかた』について語っていく前に、あなたはどんな状態に当てはまるか、以下の質問にYESかNOで答えていただけると嬉しいです。

・アイデアは少し気になるけど、やりたいことや夢がない。【YES・NO】
・アイデアをカタチにしたいけど、実現するスキルがない。【YES・NO】
・アイデアを叶えたいけど、そのために使えるお金がない。【YES・NO】
・仕事や家事が忙しくて、アイデアを考える時間がない。【YES・NO】
・そもそも自分のクリエイティビティに自信が持てない。【YES・NO】

■●▲

はじめに

どうでしょうか。あなたが、「やりたいことや夢がない」、「スキルがない」、「お金がない」、「時間がない」、「自信がない」など、どれか1つでも「ない」ことに欠乏感を感じて溺れかけているとしたら、この本があなたの人生の浮き輪になるかもしれません。

実は私自身、何度もこうした逆境や欠乏感に苦しんできた人間でした。

私は激務で有名な広告業界と、リソースの限られたスタートアップで15年以上、働いてきました。

広告業界では、クライアントからの厳しい品質、予算、納期の要望の中でアイデアをカタチにしてきました。ちなみに広告は、毎回新しいことに挑戦することも多く、「初めての領域で知見がない」状態でプロジェクトが始まったりします。またテレビCMは、15秒しか時間がないし、漫画や映画などと違って、「そもそもCMなんて見たくない」という逆境の中でアイデアをカタチにしなければなりません。

スタートアップに転職してからは、大企業と違い、少ないメンバーで、会社名などの「後ろ盾がない」状態でカタチにしていくことが求められるため、より厳しい環境で「ない」ことに日々向き合ってきました。

そもそも私は生まれつき右耳が聞こえない小耳症で生まれました。人とうまく話すコミュ力に自信がない。コピーライターの仕事に憧れたものの、周囲をお茶畑に囲まれた田舎で育った私にはそうしたコネや環境もない。海外留学に憧れたときも、TOEICは同期の中でも最低スコアで語学力もない。そんな「ない」もの尽くしだった自分は、当然自己肯定感も低く、何事にも自信がない人間でした。はじめから特別な才能や人脈を持つお金持ちなど、「ある」人に嫉妬し、「人生はなんて不公平なのか」と嘆いていました。

しかし、日々多くの逆境や制約に身を置く中で、少しずつですがなんとか生き抜く知恵を学んでいきました。多くの失敗や挫折の経験、先輩やメンターとの出会い、本や旅や自然から学ぶことによって、制約を味方につけてアイデアをカタチにすることの本質を身につけてきたのです。それにより、本当に一歩一歩ですが、やりたいことや夢を叶えたり、人生を乗りこなしたりできるようになってきたのです。

もちろん、今でも私には、たくさんの苦手や弱み、コンプレックスがあります。しかし、それらを無理に克服するのでなく、その「足りない」自分、いや、「ありのままの自分」でも、

■●▲

はじめに

アイデアがカタチになり結果が出せる場面も増えてきたのです。

例えば、国語の教科書に掲載される広告を制作したり、カンヌゴールドなどをはじめ、国内外でいくつかの賞をいただいたりする機会にも恵まれました。十数社のコンペで選んでいただけたり、不況でも売上アップにつながることが評価され、数年連続で選んでいただけたりと、クライアントに喜ばれる機会も増えました。

また、自分の人生やライフスタイルの面でも、MBA留学や海外リモートワーク、書籍の商業出版や雑誌の連載、大学や企業での講演など、さまざまなやりたいことを、アイデアの力を通じて、叶えることができるようになってきました。

「ない」と向き合うことは、いつだって誰だって怖い。しかし、「ない」を直視したときに覚悟が決まります。そして、あなたやあなたの周りに存在する「ある」ものへの感謝が生まれます。すると逆境や制約が味方となり、あなたらしいアイデアに辿り着く瞬間へと導いてくれます。人生で起きるすべてのことに意味が「ある」と信じること。小さな壊れやすいアイデアを、忍耐強く必死に守り育むこと。

『すべてのアイデアは、愛である』

そのことに気づけたとき、人生における逆境や制約がもたらしてくれた奇跡が見えてきます。もちろん、そんなことを語る私自身も、たくさんの「ない」を抱えた発展途上の人間です。だからこそ、自分の「ない」と向き合う中で、見えてきた景色があります。その学びを伝えることで、人生に絶望し溺れそうになっているあなたの心を、ほっと軽くする浮き輪になれたらと思っています。

そこで今回、長い年月をかけ、これまで制約の多い仕事や人生の中で紡いできた、アイデアをカタチにする法則を結晶化し、本書にまとめました。

変化が激しく情報に踊らされたり、SNSで他人と比べて落ち込んだりと、自分の「ない」に傷ついてしまう現代だからこそ。人生に絶望していたあの頃の自分へ、そして逆境に押しつぶされそうな不安を抱えた、あなたのために。

今、私自身の精一杯の愛を込めて、この本を贈ります。

もくじ

『制約をチャンスに変える　アイデアの紡ぎかた』

第3章 丸い『制約のサイン』で、現実を見据えよ

制約のサイン

もくじ

装　丁　二ノ宮 匡(nixinc)
本文デザイン・DTP　町田えり子
イラスト　田頭慎太郎
編　集　岩川実加

＼いまここ／

序章　アイデアの教習所へ、ようこそ

第1章　アイデア観の4タイプと陥りがちな罠

第2章　四角い『目的のサイン』で、理想を描け

目的のサイン

第3章　丸い『制約のサイン』で、現実を見据えよ

制約のサイン

第4章　三角の『葛藤のサイン』で、第3案を導け

葛藤のサイン

終章　『アイデアのサイン』で、人生を乗りこなせ

序章

アイデアの教習所へ、ようこそ

人生は道路のようなものだ。
いちばんの近道は、
たいてい いちばん悪い道だ。

フランシス・ベーコン（哲学者）

ゴーカート、F1カー、そして自動車

突然ですが、あなたが車の運転を教わりたいとき、どこに行きますか？

A　子ども用のゴーカート乗り場
B　F1カーのレース場
C　自動車の教習所

ほとんどの人が、自動車の教習所を選んだのではないでしょうか。子ども用のゴーカートも、F1カーも、自動車も、どれも人を乗せて走る「車」という意味では同じです。しかし、そこで語られるアドバイスは全く違います。

序章

■●▲

アイデアの教習所へ、ようこそ

子ども用のゴーカート乗り場であれば、「失敗は気にしなくていいぞ。まずは楽しく思いきりアクセルを踏んでごらん！　ほら、前に進んだ」と優しく声をかけられると思います。一方、Ｆ１カーのレース場では、「もっともっと、君は速く走れるはずだ！　鮮やかなハンドル捌きとコース取りを体に刻み込め！　このぎりぎりの恐怖にアクセルを踏めないヤツはレースなんて辞めてしまえ」と熱血指導が行われているかもしれません。

そして、ゴーカート乗り場で車について学んだ人が、実際に路上に出てしまうと、何度アクセルを踏んでも壁にぶつかったり知らずに逆走したりと、大事故になりかねません。一方、Ｆ１カーのレース場に行った人は、「何百キロも出してアクセルを踏めるなんて、自分には絶対無理だ。大人しく自分は外から観戦するだけにしよう」なんて、おもいきり自信を喪失し、運転すること自体を諦めてしまうかもしれません。

普段私たちが「道路で運転したい」ときは、自動車の教習所に行き、交通標識を覚えて、安全にドライブする方法を体系的に学んでいきます。

では、あなたが「アイデアをカタチにしたい」場合はどうでしょうか？

同じ「アイデア」と一括りに考えて、子ども向けの「ゴーカート乗り場」やプロ向けの「F1カーのレース場」のような学び方をしてきていませんか。

あなたが、「これまでアイデアを思いつく方法を試してきたが、実践してもほぼアイデアをカタチにするところまで辿り着けなかった」というのであれば、「ゴーカート乗り場」のアドバイスのように、単純に「アイデアの数だけを増やすための発想法」ばかりを教わってきたからかもしれません。

もしあなたが、「自分にはこんなクリエイティビティなんてないと自信喪失している」というのであれば、「F1カーのレース場」のようなアドバイスを聞いてしまったことで、自分にはとてもこんな天才的なセンスはない、と早とちりしているだけかもしれません。

自動車の運転では、「自分には自動車を運転する才能がない」と思う人はほとんどいません。それは自動車の教習所で、きちんと交通標識などのルールを学んだり、隣にいる教官にハンドルを切るタイミングなど注意点をひとつひとつ教わったりしながら、身につけていくからです。もちろん免許を取るまでは、地味で泥臭いプロセスですが、教習を経て合格すれば、自動車を運転できるようになります。

そこでこの本では、「自動車の教習所」のように、アイデアをカタチにする上で気をつける注意点や心構えやコツを、交通標識に例えてお伝えしていきます。

本書は、アイデアをカタチにする必要があるビジネスパーソンを中心に、あらゆる方に向けてできるだけわかりやすく安全にその方法をお伝えします。また、一部は「ゴーカート乗り場」のように、アイデアの基本についても触れておりますし、一部は「F1カーのレース場」のような、プロのクリエーターを目指されている方にも、本質的で役立てる観点もお届けしていきます。

それでは、あらためまして。『アイデアの教習所』へ、ようこそ。

アイデアの基本とアイデアがカタチにならなかった理由

とはいえ、アイデアの教習に入る前の心の準備に、まずはアイデアの基本についてサラリと触れておきましょう。基本だからとバカにするのではなく、むしろシンプルなゴーカートにこそ車の本質である構造が現れるのと一緒です。

このアイデアの基本原理について最も有名なものは、ジェームス・W・ヤングの著書『アイデアのつくり方』（今井茂雄訳・CCCメディアハウス）です。本編50ページほどのとても薄い本ですが、ここで語られているアイデアの原理はとても重要です。

原理『アイデアは既存の要素の新しい組み合わせである』

既存の要素の新しい組み合わせによるアイデアの作り方とは、こんな感じです。

リンゴ＋飴　＝リンゴ飴　⬇○
リンゴ＋ロケット　＝リンゴロケット　⬇？
リンゴ＋ジュース　＝リンゴジュース　⬇○
リンゴ＋ラッパ　＝リンゴラッパ　⬇？
リンゴ＋ダイエット＝リンゴダイエット　⬇○
リンゴ＋おじさん　＝リンゴおじさん　⬇？

このように思いつく限りの2つの単語をランダムに組み合わせていけば、その質はともかく、アイデアの数を大量に出すことはできます。実際**『アイデアは既存の要素の新しい組み合わせである』**という原理は、その後に現れたほとんどのアイデア発想法に共通する重要な考え方です。

さらに、このアイデアの組み合わせパターンを増やす方法は、既にたくさん世の中に紹介されています。また、ここから派生した代表的な思考法についても触れておきましょう。

【SCAMPER（スキャンパー）法・7つの質問（お題をリンゴジュースにした場合）】

S：代用Substitute：何かを代用できないか？（レモンジュース）

C：結合Combine：組み合わせることはできないか？（ミックスジュース）

A：適応Adapt：他の何かを応用できないか？（品種改良した紫のリンゴ）

M：変更Modify：何かを修正することはできないか？（種無しリンゴ）

P：転用Put to other uses：何か他のことに使えないか？（肥料）

E：削減Eliminate：何かを減らすことはできないか？（甘さ控えめ飲料）

R：逆転Reverse：何かを逆転させることはできないか？（飲むと植林運動に）

これはSCAMPERの頭文字の通り、7つの質問からアイデアを考えるものです。

同じような発想法に『オズボーンのチェックリスト』もあります。こちらの場合は、削減（Eliminate）をなくし、代わりに拡大（Magnify：何かを大きくできないか：例 ファミリー用リンゴジュース）と縮小（Minify：何かを小さくできないか：例 ひとくちリンゴジュース）という2つの項目を加えたチェックリストをもとにアイデアを考える手法です。

この『組み合わせ法』と『SCAMPER法（またはオズボーンのチェックリスト）』という思考法を使えば、とにかくアイデアをたくさん出すことはできるでしょう。

ただし**「たくさんアイデアを考えること」と、「カタチになるアイデアを考えること」はまた別もの**です。

なぜなら私も新人の頃、努力が足りないのではと思い、なんとか頑張って100本アイデアを出して会議に臨んだことがあります。これだけ出せば流石に私のアイデアに決まると思っていました。しかし、蓋を開けてみると、たった1本の磨き抜かれた先輩のアイデアが選ばれたのです。

これは私の苦い経験ですが、とてもインパクトのある学びでした。単純な確率論で言えば、私の方が100倍選ばれる確率は高かったはず。それでも選ばれなかったのは、当時の私のアイデアの考え方が「とにかく数打ちゃ当たる」だったからです。それは、何度もアクセルを踏みさえすれば、交通標識を無視しても、いつか奇跡的に目的地に辿り着けると思っていた、みたいなものです。いわば「子ども用のゴーカート」でただ闇雲に、運転しているつもりになっていたのです。

私は**「カタチにならないアイデア」をただ量産する道ではなく、たとえ見た目の数は少なくとも「カタチになるアイデア」を探求する道を目指したい**と思いました。

では、なぜ多くのアイデアの発想法を真似しようとしても、多くの場合カタチにできないのでしょうか。それは当たり前ですが、あなたが置かれている状況が違うからです。ゴーカート場のようなタイヤのクッションで守られたシンプルな道ならば、ガンガンアクセルを踏むだけでも偶然ゴールできるでしょう。レース場であれば、アクセルベタ踏みでギリギリのインコースを狙うテクニックを磨くのも良いでしょう。しかし、一般的な自動車を運転する場合、一般道路では急に飛び出す歩行者がいるかもしれませんし、細い路地裏道を進んでいるのか、複数車線のある高速道路を走っているのかで、気をつけるポイントは変わります。みんなが一律に北に50キロで進めば良いわけでもありません。

あなたがアイデアをカタチにする際も、その会社の業種や業態によって、理想のアイデアの方向性や目標は違います。また大企業か中小企業かなどによっても、あるいは品質・お金・時間などの制約条件でも、最適なアイデアは異なります。私たちは単に数を出したり、表面的に真似たりするのではなく、きちんと**理想とする目的地に向けて、安全に気を配りつつアイデアの最適なルートを導く必要がある**のです。

ですが、多くのアイデア発想法では、アイデアの数を出すことや奇抜さに重きが置かれすぎているように感じます（もちろん良著もありますが）。その結果、アイデアを出してもほぼカタチにならないという経験を繰り返すことで、自信をなくしている人も多いのではないでしょうか。結果、自分にはクリエイティビティがない、と思い込んでしまう。本当は「クリエイティビティがない」のではなく、単に「闇雲にアイデアを出していたから」アイデアを実現できなかっただけなのです。

ポイント

アイデアのサイン■●▲の法則

▼アイデアの基礎：組み合わせ法＋SCAMPER法
▼「たくさんアイデアを考えること」と「カタチになるアイデアを考えること」は別
▼アイデアがカタチにならない理由は、ただ闇雲にアイデアを出していたから

アイデア発想法より、アイデアの思想から始めよ

『アイデアをカタチにしよう』と言うと、「あんなこといいな、できたらいいな」というただのファンタジーになってしまう場合と、アイデアを考えようにもスキルがない、お金がない、時間がない自分には無理、という否定的な現実思考ですぐに動けなくなる場合、そのどちらかに当てはまることが多いのではないでしょうか。

しかし私たちが目指すのは、楽観的だけどカタチにならない理想主義者でもなく、カタチになるけど面白みもない現実主義者でもなく、**理想を描き、現実の中でアイデアをカタチにしていける人（楽観的な現実主義者）**だと思います。

でもいざアイデアをカタチにしようとすると、「スキルがない・お金がない・時間がない」

などの『欠乏感』に悩まされるものです。それは『完璧』を求める社会の常識に縛られているからです。人は誰でも褒められたい生き物です。いくら資料の見た目の体裁を整えても、本質的なアイデアを磨かなければアイデアが世に出ることはありません。

人は他人と比べることで、自分の「ない」部分が気になってくる生き物です。お金持ちと比べ、実績やスキルを持つ人と比べ、人望や時間を持つ人と比べてしまう。そして挙句の果てに、あれがない、これがない、と欠乏感に苛まれてゆくのです。人は「ない」ことに囚われたとき、自己像はどんどん小さくなってしまいます。一般的には『他責』よりも『自責』が良いと言われていますが、自責思考も行きすぎると、自分には人生を切り開く力はない、とすべてを諦める『絶望人間』になってしまうのです。

現代は、変化が激しい濁流のような時代です。『溺れるものは、藁をも掴む』という言葉があります。藁のように、ネットにあふれている流行のテクニックに安易に飛びついても、すぐに陳腐化してしまいます。**私たちが掴むべき『人生の鍵』とは、アイデアにおける人生観、正しい『アイデア観』を身につけること**なのです。

世の中には多くの発想のテクニック（ドリフト走行的なもの）、つまり『アイデアの思考法（シンキング）』があふれています。しかし、私はまず前提として**『アイデアの思想（マインド）』を身につけることこそが大切**だと思っています。

そのためには、まずアイデアの思考の前提となる『自分のクリエイティビティを信頼する』ことから始めてほしいと思います。その内なる創造性とつながらないことには、無意識の力を最大限に引き出すことはできない。だからまずは、自分の中の『アイデアの思想』つまり、『アイデア観』に想いを馳せましょう。

本来は誰もがクリエイティビティを備えています。そしてアイデアは、あなたの身の回りで発見される瞬間を待っています。あなたがアイデアの種に気づき、大切に愛情深く育てられれば、いずれアイデアは具現化し、その芳醇な果実を与えてくれます。だからこそ、まずは自分の中に『クリエイティビティはある』と心から信じること。**こうした自分の無意識の創造性を信頼し解き放つことが、正しい『アイデア観』を持つこと**です。

人は制約から逃れることはできません。そもそも誰もが、寿命という制約の中で生きています。才能、お金、時間など、それぞれが置かれた制約の中で人生をやりくりしなければならない。つまり**『制約を制するアイデアが、人生を制す』**とも言えます。

アイデアが大事と言うと、決まって「自分にはクリエイティビティはありません」と言う人がいます。多くの人が間違った認識をしていますが、クリエイティビティは、そもそも生まれながらの才能やセンスなどの類のものではないのです。

クリエイティビティ、つまり創造性とは、本来すべての人間に備わっているもの。その自分の内なるクリエイティビティを信頼し、周りを見渡せば、誰もがある瞬間、運命的にアイデアが導かれ、自然と生まれてくるのです。詩人の吉野弘の詩に、こんな一節があります（『現代詩文庫12 吉野弘詩集』思潮社）。

『――I was born さ。受身形だよ。
正しく言うと人間は生まれさせられるんだ。自分の意志ではないんだね――』

人の命は、能動的に『生む』と言うよりも、出逢いと自然の神秘が重なり合い、奇跡のように『生まれさせられる』もの。つまり結果として『生まれる』のです。自分の意志だけでつくれるようなものではないことを、私たちは本能的に感じています。

私は、アイデアもまた同じだと確信しています。アイデアは自分ひとりの力だけでつくるものではありません。**自分の意識だけでなく無意識とつながり、身の回りの環境や時代の流れなど、いくつもの偶然に導かれ、ようやく授かるもの。**アイデアは、着想するとも言います。これはまさに命の誕生のような、尊いものだと言えます。こうしたアイデアの種を、守り育み、慈しむ中で、ようやくこの世でアイデアになる。そんなかけがえのない愛の結晶がアイデアなのです。

Idea was born. アイデアは、導かれ、授かるもの

先ほどの詩に倣えば、アイデアは導かれ、授かるものだと捉える方が自然です。だからこそ、**まずは『正しいアイデア観』を持つことが大切**です。例えば『人生観』は、これまでの失敗や成功、読んだ本や友人や仕事での出会いなど、人生のさまざまな経験を通して、

自然に身についたものであり、無理やり身につけたものではありません。だから人生は『人生観』であって、『人生力』とは言いません。

それに「自分にはクリエイティビティはありません」と考えた人はそれ自体が、今の無意識の『アイデア観』だと言えます。「自分にはクリエイティビティがない」と信じ込んでしまっていること。だからこそ、良いアイデアを思いつくこともカタチにすることもないわけです。脳の働きによって、自分で自分の可能性を制限し、クリエイティビティがない人間だと証明しているのです。

まずは脳の『RAS（網様体賦活系）』と『スコトーマ（盲点）』について紹介しておきましょう。書籍『コンフォートゾーンの作り方』（苫米地英人著・フォレスト出版）ではこのように説明されています。

『RASというのは、人の脳の活性化ネットワークのことで、毎秒毎秒五感に入ってくる大量のメッセージの中のどれを意識するかを決定する役割を果たすものです。いわば私たちが受け取る情報のフィルターとして、情報の取捨選択を行っています。スコトーマとは、盲点のことです。私たちは身の周りの情報をすべて理解しているかのように感じていますが、実はスコトーマによって隠されていることがたくさんあります。』

人はまだ、潜在能力をほとんど活用できていません。氷山のように水面に出ている部分を『意識』だとすれば、水の中に潜っている大部分が『無意識』の領域です。つまり、自分の無意識のクリエイティビティを信頼することで、RASの働きによって思いつくアイデアにフォーカスし、思考することができます。それにより、起きている間も寝ている間も、脳の力を活用し、アイデアを閃く可能性を高めることができるのです。
逆に「自分にはクリエイティビティがない」と思い込んでしまっている場合は、無意識の働きによって盲点が生まれ、あらゆるアイデアに気づける機会を見えなくしてしまう。人は見たいものしか見ないからです。

人類すべてに平等に与えられた人生を変えられる究極の魔法、それがアイデアです。アイデアがあれば、逆境から道を切り開けるチャンスが生まれます。つまりアイデアとは、私を含め、持たざるものに与えられた最後の希望です。

私は、こうした**アイデアの見方を変えることができれば、制約を味方にし、行動を変え、運命さえも変えられる**と本気で確信しています。

ではいよいよ、『アイデアのサインの法則』について語っていきましょう。

アイデアのサイン■●▲の法則　ポイント

- ▼現代は完璧を求める社会であり、「ない」という欠乏感に溺れてしまいがち
- ▼人生を好転させる鍵は、アイデアをカタチにする力＝『アイデア観』を身につけること
- ▼アイデアは、自分ひとりで『つくるもの』ではなく、『生まれるもの』
- ▼人生観のように正しい『アイデア観』を持つことが重要
- ▼『RAS（網様体賦活系）』の働きで、意識だけでなく無意識の力も含め活用すること
- ▼人間には『スコトーマ（盲点）』がある

序章　アイデアの教習所へ、ようこそ

＼いまここ／

第1章　アイデア観の4タイプと陥りがちな罠

第2章　四角い『目的のサイン』で、理想を描け

目的のサイン

第3章　丸い『制約のサイン』で、現実を見据えよ

制約のサイン

第4章　三角の『葛藤のサイン』で、第3案を導け

葛藤のサイン

終章　『アイデアのサイン』で、人生を乗りこなせ

第1章

アイデア観の4タイプと陥りがちな罠

自分が出したアイデアを、
少なくとも1回は人に笑われるようでなければ、
独創的な発想をしているとは言えない。

ビル・ゲイツ（マイクロソフト創業者）

アイデアに対する態度は、4つのタイプに分かれる

『アイデアのサインの法則』についてお話しするにあたり、まずは、あなたの『アイデア観』のタイプを見ていきます。なぜなら、自分が抱くアイデアに対する態度によって、それぞれに陥りがちなアイデアの罠があるからです。まずはそこに気づいてもらえたらと思っています。

もしも、あなたがチームに招かれ、上司に『アイデアをカタチにしなさい』と言われたとします。あなたがチームの中で取る態度に近いものはどれでしょうか？

① ブレストする

② 即行動する

③ 選択と集中する
④ ダメ出しする

とにかく、さっと思い浮かんだものを正直にお答えください。いかがでしたか？

そもそも、人は『アイデアを深掘りしたい』という指向性を持つ人と、『アイデアを世に出したい』という指向性を持つ人に分けられます。また、本人がポジティブ思考かネガティブ思考かによっても、アイデアに対する態度が違います。するとアイデア観は、大別するとこのような4象限で表すことができます。

アイデアを深掘りしたい × ポジティブ思考 ＝『ブレスト屋タイプ』
アイデアを世に出したい × ポジティブ思考 ＝『即行動タイプ』
アイデアを世に出したい × ネガティブ思考 ＝『選択と集中タイプ』
アイデアを深掘りしたい × ネガティブ思考 ＝『ダメ出しタイプ』

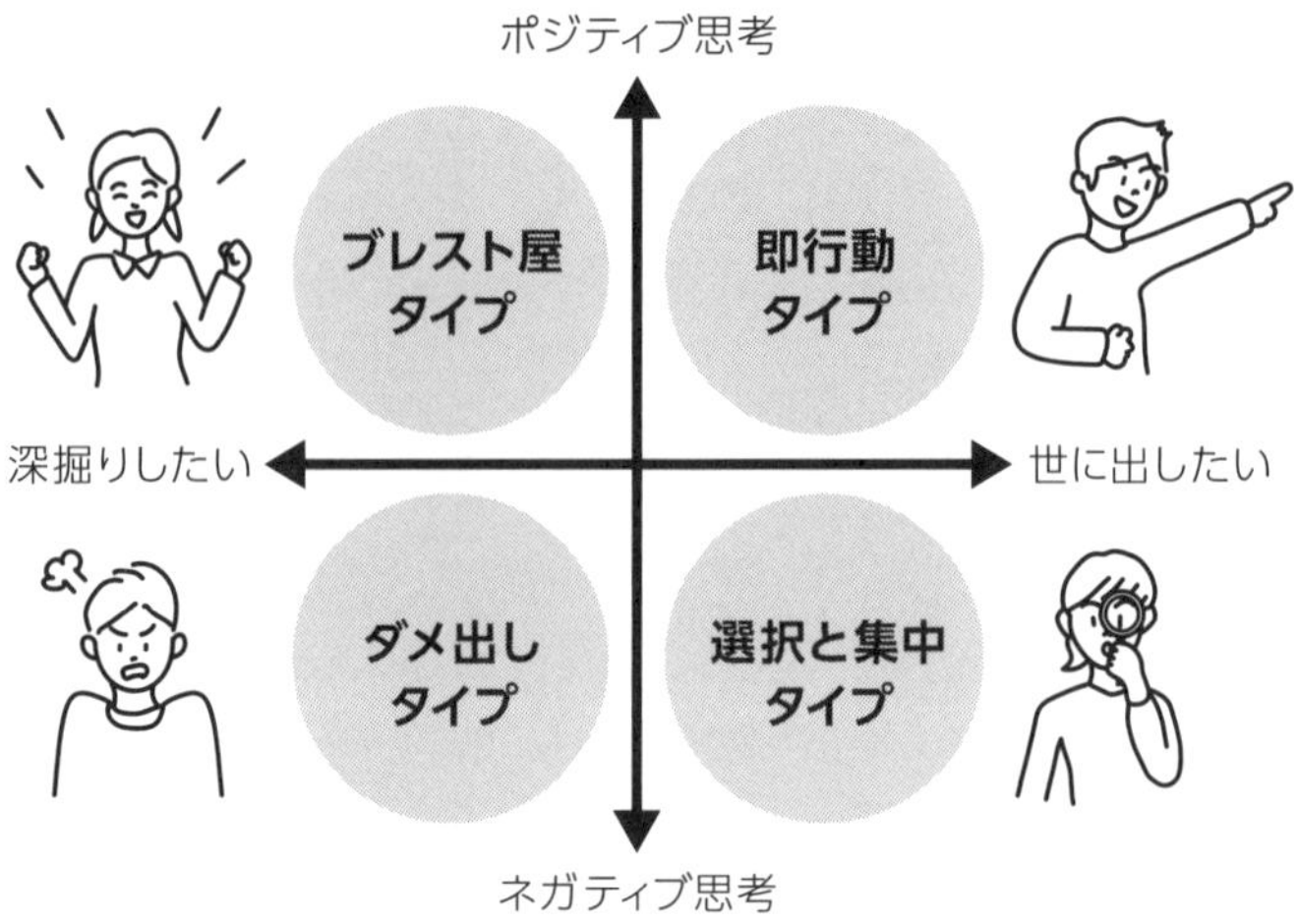

『**ブレスト屋タイプ**』は、ポジティブ思考でアイデアを発散させることが好きです。そもそも『ブレスト』とはブレインストーミングの略であり、とにかく思いついたことをポストイットなどにどんどん書き出していく手法です。いつもアイデアを自由に広げ、どんどん拡散させていく。ブレスト屋タイプのメンバーがいれば、**アイデアを賞賛し、楽しい空気の中でアイデアをつくれるでしょう。**

『**即行動タイプ**』は、ポジティブ思考で楽天的にアイデアを実行し、常にチャレンジすることが好きです。即行動タイプのメンバーがいれば、浮かんだアイデアを次々に試していくため、**スピード感を持って結果につなげることができます。**

『**選択と集中タイプ**』は、ネガティブ思考で実現性の高いアイデアをカタチにしていくことが得意です。選択と集中タイプのメンバーがいれば、限られたリソースを集中してアクションするため、**再現性が高く、アイデアをカタチにできる確率を高められます。**

『**ダメ出しタイプ**』は、ネガティブ思考でアイデアのリスクに気づくのが得意です。ダメ出しタイプがメンバーにいれば、**起こりうる最悪の場合を想定したシミュレーションをして、あらかじめ対策を打つことができます。**アイデア実施の最終確認には強みを発揮します。

これら4つのタイプはどれが優れている・劣っているということではありません。それに4つのタイプは、1人の人間の中にも複数存在します。だから一緒にチームを組む相手や自分の状況によって、強く出てくる特徴が変わることもあります。普段はポジティブにアイデアを深掘りしたい『ブレスト屋タイプ』の人でも、不安や挫折で追い込まれたときは、焦って成果を出すために『選択と集中タイプ』に変わる、なんて具合です。

『ブレストする』『即行動する』『選択と集中する』『ダメ出しする』。これらはもちろん、使い所を間違えなければ、どれもアイデアをカタチにする際に役立てることができます。しかし万能ではありません。どれかのポジションに偏ってしまうと、アイデアに致命的な悪影響を与えてしまう場合があるからです。

アイデアのサイン■●▲の法則　ポイント

▼人がアイデアに向き合う姿勢は、以下の4つのタイプに分かれる
①アイデアを深掘りしたい×ポジティブ思考＝『ブレスト屋タイプ』
②アイデアを世に出したい×ポジティブ思考＝『即行動タイプ』
③アイデアを世に出したい×ネガティブ思考＝『選択と集中タイプ』
④アイデアを深掘りしたい×ネガティブ思考＝『ダメ出しタイプ』
▼タイプごとに、やってしまいがちな『アイデアの罠』があることを知っておく

よかれと思って、ブレストする。

では、それぞれのタイプごとによかれと思ってやってしまう『アイデアの罠』について伝えていきます。さて、問題です。

リンゴは、たった1つしかない。
兄も弟も、まるごと1つのリンゴがほしいと言っています。
兄弟に納得してもらうためのアイデアを考えなさい。

まずはこの問題に対する**『ブレスト屋タイプ』**のアイデアの罠から説明しましょう。百聞は一見にしかずと言いますし、『ブレスト屋タイプ』の会議を再現してみます。

〈ブレスト屋タイプの場合〉

A「とりあえず思いついたものをどんどんブレストしながら、アイデア出していこうか」
B「リンゴを均等に切り分けることができれば、兄弟は納得してくれると思うよ」
C「1つしかないなら半分にする方法を考えてあげるのが、兄弟のためになるはずだよ」
A「いいね！　じゃあさ、キレイに半分に分けられる方法、考えようよ」
B「そうだ、リンゴの大きさを定規で測って、ちょうど真ん中で切るのはどう？」
C「リンゴをサイコロ状に切り分けて、天秤の重さが釣り合うようにする案もありかも」
A「それか兄か弟にリンゴを切ってもらって、相手に先に選んでもらったら？　これなら、先に切る方は選ぶのが後になるわけだから、不利にならないように半分に切るはず」
B「いいね！　もっともっとリンゴを半分に分けるアイデア、出せそうだね」
C「ふぅ……ようやく、リンゴを切り分けるアイデア100案出せたな」
A「ホワイトボードもポストイットで埋まったし、私たち頑張ったわね」
B「……ところで、そもそもリンゴを切り分ける方向性で考えて良かったよね？」
C「そ、そりゃ多分、大丈夫なはず。だって今更、他の方向性で考えるのも大変だろ……」

『ブレスト屋タイプ』の会話、いかがでしたか。はじめはアイデアもたくさん出て、とてもいい雰囲気でしたよね。ですが、後半、アイデアが出尽くしたと思ったのも束の間、「そもそも……」と誰かが言い出したときに、空気が変わったと思いませんか。私自身も数時間の会議の後、最後に『そもそも論』が出てきたときに、これまでの議論がすべてパァになる場面に遭遇してきました。

これこそ「とりあえずブレストしよう」と言い出した際に起きる罠です。いくらブレストが大事だと言っても、**そもそものアイデアを思いつく目的について解像度が高くなければ、たくさんアイデアを出したとしても見当違いなことばかり考えている**ことになります。

先ほどの『ブレスト屋タイプ』は、兄弟がリンゴをほしいと言う理由について何も知らないのに、いかに均等に分けようかに関する議論に熱中していました。そもそも完璧に半分に分けたとしても、兄弟の目的が達成されないなら、切り分け方のアイデアを100案考えても無駄な努力にしかなりません。

では、ブレストは全くの無駄なのでしょうか。

いいえ、ブレストは、きちんとアイデアを思いつく目的や背景をチームで共有できさえすれば、発想の幅を広げる有効な手段にはなりえます。私が指摘しているのは、**世の中にブレスト信仰が強すぎる**ことです。居酒屋で『とりあえずビール』を頼んでしまうように、会議では『とりあえずブレスト』がまかり通っています。

明確な目的もなく『とりあえずブレスト』に頼ればいいと考えてしまうと、どうしても間違った方向性で考えるなどの無駄が多くなります。結果、時間と労力の割に成果に結びつきづらく疲弊してしまう。アイデアのブレストをする際は、どんな目的を叶えるためにアイデアが必要なのか、**『アイデアの目的の解像度を上げること』が大切**です。目的の解像度を高めることをせずに、なんとなくブレストを始めてしまうと、全く目的と関係ない領域を深掘りしてワイワイと盛り上がってしまいます。誰だって色とりどりのポストイットがホワイトボードを埋め尽くしている場面に遭遇すれば、たくさんのアイデアを考え尽くした気になってしまい、楽しさと充実感を感じてしまうからです。

つまり、すぐにアイデアを考え始めても、カタチになるアイデアは思いつけないのです。

アイデアを考える前に、アイデアが辿り着く目的地を定めることの大切さ、わかっていただけたでしょうか。

アイデアのサイン■●▲の法則 ポイント

- ▼『とりあえずブレスト』はほとんどの場合、時間の無駄で終わる
- ▼アイデアが求められる背景をチームで共有し、アイデアの目的地を定めよう
- ▼安易なポストイット（アイデアの数）に安心してはならない

よかれと思って、即行動する

次は『**即行動タイプ**』が陥りがちな罠について解説しましょう。とりあえず行動するのは、一見とても良さそうに思えますが、はたして本当にそうでしょうか。『即行動タイプ』の会話を再現してみます。

〈即行動タイプの場合〉

A「1つのリンゴで兄弟を納得させる方法か。何か試したいアイデアはあるかな？」
B「そうだ、よく切れる包丁でキレイに切り分ければいいのかも」
C「お皿とか盛り付けを豪華にすれば、半分のリンゴでも喜んでくれるはずだわ」
A「それはいいアイデアだな。早速、やってみようぜ」
B「じゃあ、僕はよく切れる包丁買ってくるね」

C「じゃあ、私は知り合いの陶芸家に交渉して上質なお皿譲ってもらうわ」
A「ふぅ。これで包丁もお皿も揃ったね」
B「やべ、切り方、ちょっとミスっちゃった……」
C「それくらいいいのよ。私の盛り付けでカバーできるから。ほら、こんなにいい感じ」
A「じゃあ早速、俺たちが盛り付けたリンゴを渡しにいこう！」
B「……どうしよう。兄弟どちらも、カンカンに怒っていたね」
C「このアイデアじゃなかったなんて。残念ね」
A「でもどうしよう……包丁とお皿代にお金使っちゃったし」
B「兄弟は怒るし、リンゴはもう切ってしまった……」
C「結局、借金だけが残っちゃったね……」

『即行動タイプ』は、とりあえず浮かんだアイデアをすぐ世に出したくて仕方がありません。それで偶然うまくいく場合はいい。しかし、いきなり行動に移すことで、クライアントや上司を怒らせてしまうことがあります。**切ったリンゴは元に戻らない**のです。

『即行動タイプ』が新規事業に挑む場合、**行動する間にお金や時間などのコストがかかることに注意を払う必要があります**。見切り発車で進んで、設備投資や人件費をかけて動いてしまうと、いざアイデアをカタチにする前にお金が尽きたり、思わぬ地雷を踏んで退場させられたりしてしまいます。これがよかれと思って、即行動することの罠です。あなたも、ちょっとした発言が炎上して消えていったタレントや、とにかく色んな事業に手を出して、すぐに資金ショートで退場したスタートアップや中小企業など、即行動が裏目に出た事例が頭に浮かぶのではないでしょうか。

ちなみにリンゴといえば、有名なアダムとイヴの寓話をご存知でしょうか。アダムとイヴは、ヘビにそそのかされて、禁断の果実であるリンゴを食べてしまいました。その結果、神様は怒って、女性には出産における『産みの苦しみ』を、男性には『勤労の苦しみ』を、そして男女ともに『永遠の死の恐怖』を与えられました。つまり、即行動が取り返しのつかない大事故につながる場合もあるのです。

アイデアはなんでも試したくなるものです。ですが**取り返しがつくこと、取り返しがつ**

かないこと、まずはその見極めが大事です。アイデアをカタチにする際は、思考と行動は車の両輪です。ただしリソースには限りがあります。何も考えず、いきなり走り出してしまうと、落とし穴に落ちてしまいます。

もちろん私も『即行動タイプ』の実行力そのものを否定してはいません。むしろ、アイデアの実現において、行動する力は本当に素晴らしい資質です。また取り返しのつく範囲の小さな試みであれば、どんどんやってみましょう。ポテンシャルを秘めた即行動タイプだからこそ、少し落ち着いて、**事前に求められている品質やお金や時間などの『制約条件』をきちんと頭に入れた上で行動してほしい**のです。

アイデアのサイン■●▲の法則　**ポイント**

▼『即行動タイプ』は、気づかぬうちに地雷を踏んでしまいがち
▼アイデアの事故を防ぐために、まずは落ち着いて『制約条件』を確認しよう
▼『制約』をきちんと踏まえた上であれば、即行動する力は武器になる

よかれと思って、選択と集中をする

続いて、**『選択と集中タイプ』**について見ていきます。この『選択と集中』という言葉もまた一般的に良い言葉だと思うのですが、これにもアイデアの罠があるのでしょうか。

〈選択と集中タイプの場合〉

A「それでは1つのリンゴで兄弟に納得してもらうためのアイデアはありますか？」
B「私は、年功序列の観点で今回は兄にリンゴを渡すように弟を説得する案があります」
C「僕は、兄こそ年長者の責務として弟に譲るべきだと説得する案を推します」
A「それでは我慢を強いられる方のどちらかが不公平だと感じるのではないでしょうか？」
B「では、『ジャンケンで勝った方がリンゴをもらえる』案を提案します」
C「確かに兄か弟に強制するよりは、不満は出にくいでしょうね」

A「では『ジャンケン案』で決定……で良いですね？」
B「異論はありません」
C「僕も異論はありません」
A「では、兄弟に我々の『ジャンケン案』を提案しましょう」
B「兄弟にジャンケン案を提案し、なんとか渋々受け入れてもらえたのですが……」
C「でもジャンケンで負けた方は泣いていました。本当にこれでよかったのかなと……」
A「限られた選択肢の中で1つを選択したまでです。これは仕方がないのです……」

あなたは『選択と集中タイプ』のやり取りについて、どう感じましたか？ 今回のジャンケン案は一応兄弟に受け入れてもらいました。しかし、負けた方が泣くなど、なんだか結末がモヤモヤしたものになっています。

それがまさに今回の『選択と集中タイプ』の弱点です。**その盲点とは「選ぶこと・捨てることが大事だ」と思いすぎること**です。そのため、アイデアを十分に検討する前に、今あるアイデアの選択肢の中だけで答えを出そうとしがちです。

先ほどは「兄弟どちらかが譲ればいい」という理想論か、ジャンケンなら兄弟は「完全に納得はしないまでも、まだ不平が出にくい」という現実論のどちらかしか選択肢がないと思い込んでしまいました。その結果、今回はジャンケン案で妥協することを選択した。もし仮に、兄弟どちらかに譲ってもらう理想論を選んでいたとしても、都合のいい理想論では兄弟どちらかに激怒されるのがオチです。**限られた選択肢の中で安易な妥協や無謀な玉砕を選んでしまうことが、『選択と集中タイプ』の陥りがちな罠**なのです。

では『選択と集中』思考は捨てなければいけないのでしょうか？　そのように考えた人もまた、ものごとを白か黒かのみで捉える選択肢に囚われています。私が言いたいのは、理想的だけど無謀な案と、現実的だけど何かに妥協しないといけない案があったら、**その間でまずは葛藤を味わいましょう**、ということです。

葛藤しているということは、その矛盾する状況をなんとか成立させられないかと、無意識のうちに考えを巡らせているということです。理想案の無謀だと感じる部分を解消する方法を探ったり、現実案の物足りない部分をなくす改良ができないかと考えたりしてみるのです。**限られたアイデアから選ぶのではなく、アイデア同士をかけ合わせたり、改良したりすることで、『第3の案』を導き出そうとする決意が大事**なのです。

もちろん最終的に事業を進める上では、アイデアを選択し、集中するフェーズは来ます。ただし、はじめから安易に選択をするのと、第3の案の可能性まできちんと検討した上で選ぶのとでは、結果は天と地ほど違うでしょう。

アイデアのサイン■●▲の法則　ポイント

▼『選択と集中タイプ』は、今ある選択肢の中から、選択を急ぎすぎる傾向にある
▼無謀な理想論か、妥協した現実論の限られた選択肢のどちらかを選びがち
▼理想と現実の間で、葛藤する時間を味わい、第3の案の可能性に思いを巡らせよう
▼十分選択肢を検討した上で、『選択と集中』すれば素晴らしい結果につながる

よかれと思って、ダメ出しする

いよいよ最後の『**ダメ出しタイプ**』の罠について説明しましょう。

〈ダメ出しタイプの場合〉……………………………………………

A「1つのリンゴで、まるごと1つほしがる兄弟に納得してもらうアイデアかぁ……」
B「論理的に考えれば、そんなことは無理に決まっている」
C「……とはいえ、それでも誰かが『たたき台』を出さないと議論は始まらないのでは？」
A「じゃあ、リンゴをジュースにして分けるのはどう？
　普通に切って渡すよりも、ミリ単位まで綺麗に分けられるかなって」
B「ボツ！ そんなのは無理だ。なぜなら、ミキサーなんて俺たちは持っていないからな」

C「じゃあ、リンゴの種を植えるのはどうでしょう？
リンゴの木をじっくり育てて、その実ったリンゴをそれぞれに渡すのはどうかなって」
B「ダメダメ。それじゃ問題解決まで莫大な時間がかかってしまう。これもボツだ」
A「なんだか、どんどん自信なくなってきました……」
C「私も同じです。そもそも私には創造性なんてカケラもないのかなって……」
B「ほら、結局俺たちにはアイデアを考えるのは無理だ、というのが結論だろう……」

さて、最後の『ダメ出しタイプ』のやり取りを見て、どう感じたでしょうか。なぜか読んでいるあなたも嫌な気分になったのではないでしょうか。それはアイデアをダメ出しされるうちに、アイデアを出したひとの人格までダメ出しされたように感じるからです。誰もが萎縮し、最後は誰もアイデアを出したくないという雰囲気になっていきます。

アイデアに『ダメ出し』はつきものと思われていますが、多くの場合、**『ダメ出し』をすることで、アイデアが持つ可能性の大部分が失われてしまいます**。特に日本では『たたき台』という言葉が鬼門です。この言葉に引っ張られ、アイデアを叩いても大丈夫とのイメージを持っている人があまりにも多いのです。

そもそも『たたき台』の語源をご存知でしょうか。もともとは鍛冶屋が金属を焼いて形をつくるための土台のことです。なお『たたき台』は正確には、『叩き台』ではなく、『敲き台』と書きます。この『敲く』という文字は、丁寧に文章をより良くしていく『推敲』の字に使われているように、『形を変える』という意味があります。つまり**『敲き台』とは、そのアイデアをともに好ましいカタチに変えていくための信頼の土台**なのです。

世の中には、サンドバックのような『叩き台』のイメージを持つ人は多いでしょう。だから一方的に相手の弱点をつく弱いものいじめのような企画会議が起きてしまうのです。

多くの場合、最初に出したアイデアは、もろく儚いものです。ちょっとしたことで失われていく小さな種にすぎません。土壌を耕し水でうるおし、小さな種を長い年月をかけて守り育むこと。そうしてやっとアイデアの種は木となり、いつか偉大なる大樹になれるのです。そう考えると、か弱い小さなアイデアが、なんだか愛しくなってきませんか。

もし、まだあなたが小さな種の段階で『ダメ出しタイプ』に目をつけられてしまい、既に世の中で目立った成功事例とされている大樹と比べられてしまったら、どうなりますか。きっと大樹に比べて、「インパクトが弱いね」「力強さが足りない」「耐久力が弱いね」など欠点ばかり指摘されるのは目に見えています。

実際、最初のアイデアは、9割9分、欠点の方が目立ちます。ここがダメだ、あれがダメだと叩いてしまうと、すぐにアイデアの種はつぶれてしまいます。しかもタチが悪いのは、欠点を指摘する人間の方が、なんとなく頭が良さそうに見えてしまうことです。

ちなみに、以下のダメ出しは、どんな人に対してされたものでしょうか？

『彼らの音楽は好きじゃない。それにギター・ミュージックなんて、いまどき流行らない』

これは1962年に、ザ・ビートルズを断ったデッカ・レコーディング・カンパニーの言葉でした。これは、ジム・コリンズ氏の著書『ビジョナリー・カンパニーZERO』（土方奈美訳・日経BP）にも、歴史的アイデアがダメ出しされたケースとして紹介されています。まさかあのビートルズのリンゴ・スターやジョン・レノンも、こんなダメ出しを受けていたなんて……と考えると勇気が出てきませんか。それに、こうしてみれば、一見ダメ出しする側が優位に立ったように見えて、実際には掴めたはずの幸運を自らこのレコード会社は失ったのです。こんなダメ出しをしてしまったら、悔やんでも悔やみきれませんね。

それにもしも、ビートルズがこの『ダメ出し』にショックを受け、アーティストの道を諦めていたら、世の中の音楽史において計り知れない損害を与えていたと思いませんか。そう考えると、ダメ出しが原因で、これまでどれだけ多くのアイデアが可能性を失ってきたかと思うと、気が遠くなります。

どうしても新しく革新的なアイデアほど、大概「そんなの需要がない」とか「市場がない」と言われることも多いのです。同著にはこのような事例も紹介されています。

『『バンドエイド』は1920年、ジョンソン・エンド・ジョンソンの社員だったアール・ディクソンが発明した。妻が料理をしていて、よく指を切ったからだ。』

『シロアリ効果
これをシロアリ効果と呼んでもいいだろう。あなた自身の問題を解決することで、同じ問題を抱えていた（しかし従来型の市場調査では容易に発見できなかった）人々が突然どこからともなくぞろぞろ現れるのだ。』

このように、確かにバンドエイドのような商品が世に出たばかりの頃は、一見そこに市場はないように思えたかもしれません。自分や身近な家族などが実際に悩んで、必要性を感じて解決策は生まれてきます。こうしている間に、同じような顧客がまさにシロアリのようにゾロゾロと現れてきます。

そもそも、世の中に100％完璧なアイデアなんてありません。地球上を探しても、すべてを満たす完璧な商品もなければ、完璧な人間もいないのです。だからこそ、自分自身の悩みを解決するアイデアを考えるのは、とても理にかなった方法だと言えます。

だから庭にリンゴの木を植えるように、優しく水をかけ肥料を与え、じっくり育てあげる必要があります。そしていつか、木が大樹となり、森になるのです。

もしあなたが農家だったとして、激しい嵐でほとんどのリンゴが落ちてしまったとしましょう。「ほんの少ししか収穫できない今、収穫してもほぼ売り上げにならない。だから無駄な労働は辞めておけ」こんなダメ出しを受けたら、あなたはどうしますか？ダメ出しの声に負けて、そのまま収穫を諦めますか。

しかしあるリンゴ農家は、この嵐に耐えた数少ないリンゴを、受験生の合格祈願用の『落ちないリンゴ』として売り出しました。その結果、縁起がいいと評判で、例年以上の売り上げになったといいます。この農家は、嵐の後で出荷できなくなったというダメな部分ではなく、残ったリンゴに可能性の種を、まなざしたのです。

アイデアの欠点を『叩く』のではなく、アイデアの可能性を『まなざす』こと。

アイデアの種は、とても儚くか弱い。だからこそ、叩くのではなくてむしろ、ここがいいよね、ここはもっと伸ばせそう、と温かい愛でまなざしてほしいのです。

可能性を「眼差《まなざ》す」こと
＋
愛で守り育て「愛《まな》ざす」こと
⬅
『まなざすマインド』

あなたには可能性を見つめ、愛情深く守り育てる『まなざすマインド』を身につけてほしいのです。この2つの意味で**『まなざす（眼差《まなざ》す・愛《まな》ざす）マインド』**を持つこと。これこそが、『アイデアのサインの法則』の大前提に当たるものです。

『ダメ出しタイプ』の人間は、どうしても欠点に注目してしまいがちです。そして、アイデアのダメな部分を探すように、自分自身についても、いつもダメ出ししてしまいます。あなたがもし「自分にはクリエイティビティがない」と考えていたとしたら、それは内なる可能性を信じずに、自分にダメ出しししていたからです。

『自分の感受性くらい　自分で守れ　ばかものよ』

この茨木のり子の詩（『自分の感受性くらい』花神社）の有名な一節のように、『自分で守る』視点を忘れないでほしいのです。この詩では『感受性』という言葉を使っていますが、この単語を『クリエイティビティ』や『アイデア』に変えても成り立ちます。現実はまだ厳しく、『ダメ出し』社会はなかなか変わりません。せめて、自分だけは、自分のアイデアの絶対的な肯定者になってください。

アイデアのサイン■●▲の法則

ポイント

▼『叩き台』として安易に叩くと、アイデアの可能性を奪ってしまう
▼いかにアイデアの良い部分を伸ばしてあげられるかを考えよう
▼アイデアは『叩く』のではなく、『まなざす』もの
▼アイデアと自分のクリエイティビティを信じる『まなざすマインド』が重要

陥りがちなアイデアの罠を避ける方法

ここまでは、『ブレスト屋タイプ』『即行動タイプ』『選択と集中タイプ』『ダメ出しタイプ』それぞれの罠について解説してきました。よかれと思ってやってしまいがちな4つに対し、それぞれが陥りがちな失敗と、特に意識すべきポイントをまとめてみました。

①『ブレスト屋タイプ』⬇無駄に迷走しがち　⬇アイデアの『目的』を持とう
②『即行動タイプ』　⬇事故って失敗しがち　⬇アイデアの『制約』と向き合おう
③『選択と集中タイプ』⬇焦って妥協しがち　⬇アイデアの『葛藤』を受け入れよう
④『ダメ出しタイプ』⬇自信をなくしがち　⬇アイデアを『愛』でまなざそう

『ブレスト屋タイプ』は、夢見がちで議論に無駄が多くなりがちです。だからこそ、**ア**

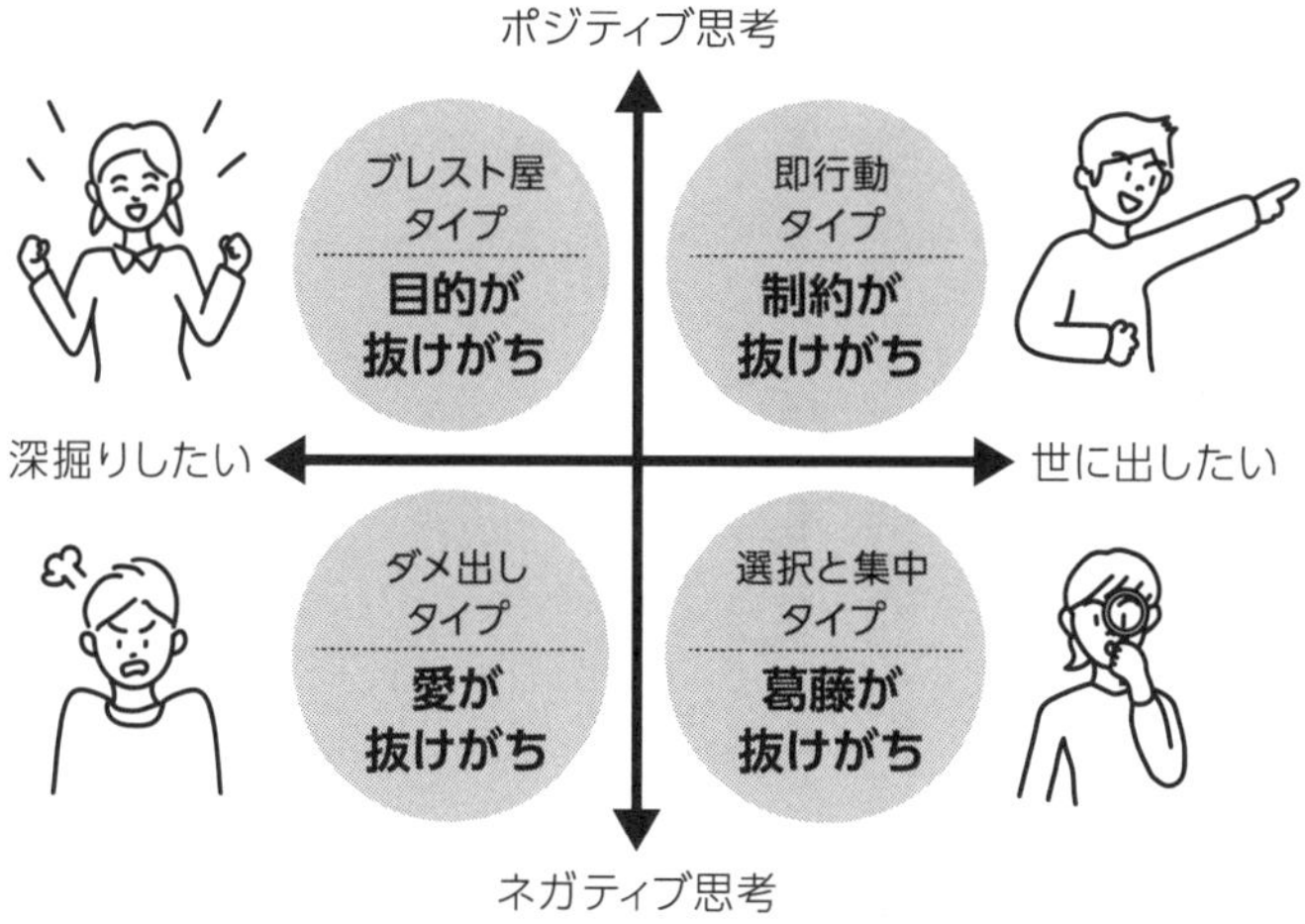

イデアが求められる背景に目を配り、常にアイデアの『目的』の解像度を高めましょう。

『即行動タイプ』は、地雷を踏んで事故ってしまい、早々と退場させられてしまいがちです。だからこそ、**前もって『制約』と向き合って、規制や注意点を整理しておきましょう。**

『選択と集中タイプ』は、目の前の選択肢から選ぶしかないと思い込み、視野が狭くなってしまいがちです。だからこそ、**安易な選択に逃げずに『葛藤』を味わい、可能性を模索する時間を持つようにする**のです。

『ダメ出しタイプ』は、本当はアイデアを深掘りしたいけれど、ネガティブ思考が強すぎて、欠点に目を奪われて自分のクリエイティビティさえも否定してしまいがちです。**だからこそ、自分自身のクリエイティビティを信じ、アイデアの可能性を『愛』でまなざす『まなざすマインド』を持つことが大切**なのです。

このように整理すると、これまで自分が『ブレスト』や『即行動』、『選択と集中』、『ダメ出し』について、いかに意識せずに行っていたかがわかります。だからこそ、うまくいく時といかない時に差があったのです。

アイデアのサイン■●▲の法則

ポイント

▼①ブレスト屋タイプ⬇無駄に迷走しがち⬇アイデアの『目的』を持とう
②即行動タイプ⬇事故って失敗しがち⬇アイデアの『制約』と向き合おう
③選択と集中タイプ⬇焦って妥協しがち⬇アイデアの『葛藤』を受け入れよう
④ダメ出しタイプ⬇自信をなくしがち⬇アイデアを『愛』でまなざそう

ひとつのリンゴが教えてくれること

では、あらためてリンゴの問いに、先ほどの注意点を意識して挑んでみましょう。

これまで『ブレスト屋タイプ』の会議で出た「リンゴをできるだけ均等に切り分ける」アイデアの方向性では、どれだけ考えても兄弟は納得してくれません。また『即行動タイプ』のようにいきなりリンゴを切ってしまったり、無駄にお金をかけたりしてしまうと、取り返しがつかないことになると理解できました。そして『選択と集中タイプ』の出したジャンケン案はあくまでも妥協であり、兄弟に心から納得はしてもらえないのです。かといって『ダメ出しタイプ』のように、あらゆるアイデアの欠点ばかりを論じては、一歩も前に進まないことも体感しました。では、結局どうするのが良かったのでしょうか。

それは、**まず兄弟に『なぜリンゴが必要なのか』とその目的を聞くこと**です。いきなりアイデアを考え始めずに、そのアイデアの目的の解像度を高めるだけで、最適な答えが見つかる確率は大幅に上がります。

例えば、実際に質問してみると、兄にとってのリンゴが必要な理由は、「美術の宿題でリンゴをテーマに絵を描くため」と教えてくれるかもしれません。そして弟は、「風邪をひいた母に元気を出してもらうために大好きなリンゴを食べさせたいから」と教えてくれたとします。ではこの兄弟がリンゴをほしがる目的がわかったら、次はどうすればよいでしょうか?

そうです。**目的を知った後は、制約条件を整理しましょう。**風邪の母の看病と美術の宿題が目的なのであれば、まずは緊急性が高い風邪の母の「時間」の制約を重要視しますので、リンゴの木を植えるといった長い時間がかかるアイデアは避けた方が良いでしょう。また、2人とも未成年なので、お金がかかりすぎるアイデアも好ましくありません。

これでようやく、アイデアを考えるための目的と制約は整理できました。では、あなたはどんなアイデアが考えられそうでしょうか。

ここでは安易なジャンケン案に妥協するのではなく、**すぐに思いつかなくても、この気持ちの悪いモヤモヤ、つまり葛藤を味わうことにします**。そして自分の創造性を信じて、既存のアイデアの良い部分を見つけて改良し、アイデアの可能性を、まなざしてみてください。

例えば、『弟がリンゴを母親に食べさせて看病している、その様子をモチーフに兄は絵を描く』アイデアはいかがでしょうか。

これなら、弟はまるごと1つのリンゴで母を看病し励ますことができます。そして兄は、弟が風邪の母にリンゴを食べさせて看病している様子を絵に描くことで、リンゴをテーマにしつつも他の生徒と一味違った感動的な絵を描けることになります。もちろん時間もお金もかかりません。兄もきっと美術の授業で高評価がもらえますし、何より弟も母親もみんな笑顔にすることができるのです。

もしかしたら、兄の「リンゴをテーマにした絵を描く」ことが目的なら、そもそもリアルなリンゴが手元になくても、パソコンのAppleの欠けたリンゴのマークをモチーフにするのも面白いでしょう。弟だって母を看病することが目的なら、リンゴと一緒にお粥を作ったりしたら、もっと母に喜んでもらえるかもしれません。

いきなりアイデアを考えるのではなく、**アイデアの目的と制約をクリアにし、葛藤を受け入れ、可能性をまなざすことで、解決策の幅は格段に広がる**のです。

私たちの多くは、学校のテストのように、問題を見ると、すぐに解き始めようとしてしまいます。しかし、現実の仕事や人生の問題においては、解き方も解決策も1つではありません。だからあなたが、答えが見えないと感じているときほど、立ち止まって、今の状況を見渡しましょう。落ち着いて一呼吸おくと、周りが見えてきます。視界が開ければ、意外なほど、道は開けてくるものです。

アイデアのサイン■●▲の法則 ポイント

▼人生において、解き方も解決策もひとつではない
▼アイデアの目的と制約条件、葛藤を受け入れ、愛情深く第3の案をまなざすこと
▼答えが見えないと焦っているときほど、ひと呼吸おいて、周りを見渡そう

アイデアのサインの法則

序章　アイデアの教習所へ、ようこそ

第1章　アイデア観の4タイプと陥りがちな罠

＼いまここ／

第2章　四角い『目的のサイン』で、理想を描け

目的のサイン

第3章　丸い『制約のサイン』で、現実を見据えよ

制約のサイン

第4章　三角の『葛藤のサイン』で、第3案を導け

葛藤のサイン

終章　『アイデアのサイン』で、人生を乗りこなせ

第2章

四角い『目的のサイン』で、理想を描け

普通の人は、間違った決断を恐れ、何も決めない。
成功する人は、間違うリスクを冒すことが、
いちばんリスクが少ないと知っている。

本田健（作家『ユダヤ人大富豪の教え』より）

目的のサイン

四角い案内標識に学ぶ、『目的のサイン』

それでは『アイデアのサインの法則』における重要なサインとして、3つのカタチを見つけていきましょう。

まずは**四角い『案内標識』に学ぶ、『目的のサイン』**です。

そもそも道路標識は、形状によって表す内容に違いがあります。まず四角いカタチの標識は『案内標識』と呼ばれています。案内標識は、経路案内、地点案内、附属施設案内の3種類から成り立っています。

『経路案内』は、この道がどこにつながっているのか、まさに道案内するような標識です。『この進行方向に向かうと東京がある』とか、『こっちの道に曲がると大阪方面』などのよう

【案内標識】

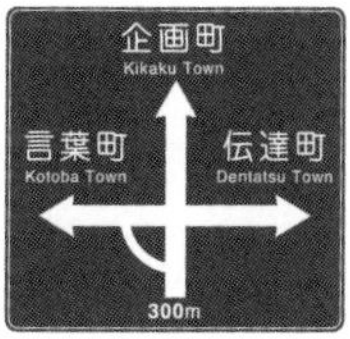

経路案内

地点案内

附属施設案内

に、**大枠の方向を教えてくれるもの**です。続いて『地点案内』は、西麻布交差点や福岡市など、**その地名や場所などの地点を指します**。経路案内が線だとしたら、地点案内は点のようなものです。最後に『附属施設案内』は、『パーキングエリア』や『道の駅』といった、**道の途中にある施設に関する標識**です。

また複数の視点から見る方が、目的地までの道の解像度を高めることができます。これはアイデアを考える際も同じです。まずは、どんな経路つまり方向性のアイデアにしたいか。今回のアイデアでは、どのようなゴール地点を目標にするのか。さらに、どの附属施設に立ち寄るかといった、自分なりにワクワクでき、モチベーションが上がるおまけ要素を組み込めるか。こういう風に重奏的に捉えることで、アイデアの目的地までの解像度は上げられるのです。人生もアイデアも、ドライブのようなものです。**まずは、正しい方角を見つけること。次に目標となる地点を決めること。最後に、附属施設的な個人的なこだわりや趣味のような寄り道もまた大切**なのです。

ポイント

アイデアのサイン■●▲の法則

▼3つのカタチから、アイデアのサインの法則は学べる
▼四角い案内標識から、『目的のサイン』を学ぼう
▼四角い案内標識は、経路・地点・附属施設の3種類
▼目的のサインも、方向性・目標・寄り道的なワクワクする要素を思い描くことが大事

《目的のサイン①》『経路』を決めると、方向性が見えてくる

経路案内をアイデアに当てはめると、**中長期的な方向性を決めること**に近いです。売り上げ拡大のために進むのか、エコロジーなど地球環境を配慮して動くのか、ダイバーシティを推進したいのか。どんなアイデアを考えるとしても、**まずは大枠としての方向性を定めることが重要**です。目指したい方向性が明確になることで、それを応援してくれる人や興味を持ってくれる人達が増えていきます。自分たち以外の力を借りることもできるでしょう。ヒッチハイクで東京から「福岡に行きたい」と看板を持っていると、途中まで車で乗せていってくれる親切な人が現れるイメージに近いでしょう。

目指す方向を指し示すと、大義が明確になり支援してくれる人が見つかりやすいです。

いきなり明確な方向を見つけるのが難しければ、まずは「少なくともこの方向性ではない

な」とピンとこない方向性を省きながら、徐々に絞り込むのでも良いでしょう。大まかな方向性だけでも一旦定めてみると、見える景色が変わります。実際、『星の王子さま』で有名なサン・テグジュペリはこんな言葉を残しています。

『船を造りたかったら、人に木を集めてくるように促したり、作業や任務を割り振ったりはせず、果てしなく続く広大な海を慕うことを教えよ』

ではこの方向性を決めるのに良い指針はあるでしょうか。それは時代の流れを読むことです。起業家の斉藤徹氏（『だから僕たちは、組織を変えていける』クロスメディア・パブリッシング）によれば、今3つの変化が起きています。

【インターネット時代、3つのパラダイムシフト】

デジタルシフト　：アイデアだけで起業できる　：顧客の幸せ
ソーシャルシフト：持続可能な繁栄をわかちあう：社会の幸せ
ライフシフト　：多様な生き方を受けいれる　：社員の幸せ

これから社会はどちらの方向へ向かっていくのだろう、と日頃から俯瞰して世の中を見ていくことは大切です。例えば、今の時代に「地球環境に優しくないが、燃費の悪い車を大量生産で作ろう」と訴えかけても、人々からの共感は得られにくいはずです。

その参考として、オランダでは『サーキュラーエコノミー』という循環型経済を前提にしたビジネスが広がりつつあります。その注目企業の中に『買うのではなくレンタルするジーンズ』を展開するアパレル企業がありました。そのお店は、レンタル期間中は、ジーンズのほつれなどの修理やメンテナンスを行います。その後、一定期間使用したジーンズはまた顧客から回収しリサイクルされ、再度新たなジーンズに生まれ変わります。こうした取り組みにより、環境意識の高い世代を中心に共感を集め注目されています。さらにミニマムな暮らしを実現したい若い世代にとっては、所有しない方がクローゼットの洋服も無駄に増えないので良いと捉えられるようです。

このように時代の流れを読むのは、その後の顧客やメディアからの応援を受けやすいメリットもあります。**時代の『経路』を活かし目的地を定めるだけで、多くの応援者に集まっ**

てもらえるビジネスはつくれるはずです。

ポイント

アイデアのサイン■●▲の法則

▼四角い『経路案内』の標識のように、アイデアの方向性を決めることは大切

▼目指す方向を決めるだけで、想いに賛同した仲間や応援者が集まってくる

《目的のサイン②》『地点』を決めると、目標が見えてくる

続いて、アイデアのゴール地点を考えてみましょう。**目的地となる地点を定めると、おのずとアイデアの目標がクリアになります。**

例えば、東京から西の方向へ進むと決めているだけでは、どこまで西にいけば達成なのかを判断することができません。東京から西の方角に向かうとしても、そのゴール地点が、名古屋市なのか、大阪市なのか、福岡市なのかで、そのドライブの過酷さは変わるでしょう。ゴール地点を定めない限り、今ゴールまでの道のりの何パーセントを達成しているのか把握できません。

マラソンでも、42・195キロとあらかじめゴール地点までの距離が決定しているからこそ、最後まで走り切れると思いませんか。これがなんとなく「できるだけ遠くまで走

れ」としか決まっていなければ、どんなマラソンランナーも走る気力が途中でなくなってしまいます。

ちなみに目標とするアイデアのゴール地点は、近すぎると単なる小さな改善で達成できるため、発想のジャンプが起きにくい。かといって遠すぎるゴール地点は夢物語に感じ、誰も本気で実現を目指す意欲が持てません。だからこそこの**ゴール地点の設計は、何度も失敗を繰り返しながら、ちょうどいいポイントを探していく必要がある**のです。

アイデアのサイン■●▲の法則　ポイント

▼四角い『地点案内』の標識のように、アイデアの目標地点を決めることは大切

▼目指すゴール地点が決まるだけで、仲間や応援者が集まってくる

《目的のサイン③》『附属施設』を決めると、ワクワクが見えてくる

3つめは意外に忘れがちですが、アイデアには遊び心が大切です。だからこそ、目的地までの附属施設もまた大切です。

附属施設案内には、道の駅やパーキングエリアなどがあります。ドライブでも目的地に一直線に向かうだけでは、しんどくなってしまいます。あえて寄り道して一息ついたり、観光を楽しんだりといった**メインの目的以外の楽しみの要素があることで、アイデア実現までチームのモチベーションを高く維持することができます**。

また、あえて目的地周辺のおまけ要素を書き出しておくだけで、発想を広げるヒントになる場合もあります。誰と一緒にアイデアを叶えるか、といった身近な人とのつながりを思い出すのもいいでしょう。こうした仕事仲間や、友人、コミュニティの力も欠かせません。

アレン・ガネット氏の著書『クリエイティブ・スイッチ』（千葉敏生訳・早川書房）では、ク

リエイティブなコミュニティは、次の4種類のメンバーで構成されると解説されています。

①一流の教師……あなたの職業や業界のパターンやイロハを伝授してくれる人物
②相補的なパートナー……あなたの欠点を補うような特徴をもった人物
③創作の女神……あなたの最高の力を引きだすよきライバルになってくれる人々
④卓越したプロモーター……その名声をあなたに分け与えてくれる人物

ドライブだって自分とは違う個性のメンバーで車に乗るからこそ、楽しい思い出がつくれるものです。さて、周りを見渡して一緒にアイデアを紡ぎたい人はいますか?

アイデアのサイン■●▲の法則　ポイント

▼四角い『附属施設案内』の標識のように、アイデアに込めたいオマケ要素を決めよう
▼クリエイティブ・コミュニティは、①一流の教師　②相補的なパートナー　③創作の女神　④卓越したプロモーター　の4種類がある

四角い『目的』のサインは、3点セットで解像度が高まる

ちなみにこの7つの旅について、一番明確にイメージできるのはどの旅でしょうか？

①経路のみ：東京から西へいく旅
②地点のみ：福岡を目指す旅
③附属施設のみ：道の駅でご当地グルメを堪能する旅
④経路なし：道の駅でご当地グルメを堪能しつつ福岡を目指す旅
⑤地点なし：東京から西へ道の駅でご当地グルメを堪能する旅
⑥附属施設なし：東京から西へ福岡を目指す旅
⑦3点セット：東京から西へ道の駅でご当地グルメを堪能しつつ福岡を目指す旅

こうしてみると、**最後の7番目の旅が、最もイメージしやすい**はずです。どこからどこまでという方向と地点が明確ですし、途中の寄り道の楽しみがあれば、モチベーションも上がります。

一方、**経路・地点・附属施設の3つのうち、どれか1つが欠けても旅は不安になってしまいます**。例えば、「福岡を目指す」としても、東京から目指すのか、熊本から目指すのかで、進む方角は全然違ってきます。だからゴール地点だけを伝えるのではなく、方向性とセットになっている必要があります。

逆に方角だけを伝えてしまうと、ゴールが漠然としてしまいます。「東京から西にいこう」とだけ決めていると、どこまで進めばいいのか、どれだけゴールに近づいているのか、わかりません。すると、途中で息切れを起こしやすくなります。

また、途中、道の駅でご当地グルメを楽しむ『寄り道』がなければ、東京から福岡までノンストップで走る旅は、ハードすぎて誰もやりたくないはずです。

まずは、**アイデアは、経路・地点・附属施設の3点セットである**と覚えてほしいのです。

アイデアのサイン■●▲の法則

ポイント

▼経路・地点・附属施設の3つの掛け合わせで、アイデアの解像度を高めよう

目的地が見つからないなら、目的を見つけるための旅から始めよ

とはいえ、そもそも「やりたいことがないから、目的地が見つからない」と嘆く人もいるでしょう。その場合、**まず「自分の目的地を見つけること」それ自体を目的にするのもアリ**です。先述した『クリエイティブ・スイッチ』には、『ハリー・ポッター』シリーズを書いたJ・K・ローリングの創作の真実が語られています。一部抜粋して紹介しますね。

『J・K・ローリングは、マンチェスターからロンドンへと向かう列車内に閉じこめられていた。列車は遅れ、定刻でロンドンに到着する見込みはどんどん少なくなっていった。彼女はふと思考を巡らせはじめた。のちに、彼女は『ニューヨーク・タイムズ』紙にこう語った。「信じられないような感覚だった。どこからともなく、アイデアが舞い降りてきたの」（中略）「列車が到着するころには、全七巻のシリーズものになっていた。」』

このエピソードからは、ローリングが旅する中で、アイデアの目的地としての物語を着想したと言えます。実際に物語の中でも、駅が魔法学校へと導く重要な舞台装置となっています。とはいえ、彼女は完全に無からアイデアを生み出したわけではありません。そもそも知らない知識は組み合わせようがないからです。

『子どものころ、ローリングは大の読書家で、小説を次々と読みあさっていた。（中略）彼女は寝室にこもり、本に慰めを求めた。読書は、彼女が暮らすイングランド南部の小さな村から、遠く離れた別世界へと彼女をいざなった。』

こうして本の大量消費をしたことで、小説家の道を志すようになったことがわかります。そして、旅の途中で電車が止まるなどの偶然に導かれて着想を得たことで、本の世界で身につけたさまざまな要素により、「『孤児が幸せを手にする』王道のシンデレラ・ストーリーをベースに『魔法使いの成長譚』を混ぜる」というアイデアを手に入れたのです。

『それから五年間、彼女は反復的な創作プロセスを実行し、全七巻の筋書きを完成させてから、ようやく一作目を執筆した。（中略）彼女はテレビのインタビューで記者に創作メモを見せたことがある。そのなかには、第一巻の第一章だけで一五種類のバリエーションがあり、ホグワーツ魔法魔術学校のハリー・ポッターのクラスに在籍する登場人物全員のチャートもある。彼女はこのチャートを使って筋書きを練っていった。』

このエピソードからも『経路』として「若い孤児の魔法使いが成長するシンデレラ・ストーリーとしての方向性」だけでなく、入念に7巻の物語のゴール『地点』を設計し、何度も反復を重ね、解像度を高めていったことがよくわかります。

『彼女はすばらしい作品をつくりあげるために長年苦労に苦労を重ねた。計画やあらすじを練り、参考資料を作成し、数えきれないほどの修正や手直しを重ねて、ストーリーや登場人物を完成させていった。その過程で、私生活や金銭上の問題に直面したが、エージェントやブルームズベリーのチームを含めたクリエイティブ・コミュニティに支えられて、執筆をつづけた。』

また当時、シングルマザーでうつ病を患い、生活保護を受けていたローリングは、妹の近くに引っ越したことで、義理の弟が営むカフェで小説に専念することができました。さらに、原稿を12の出版社にダメ出しされ続けても諦めなかったのは、セラピストの支えや応援してくれるプロモーターのおかげだったと言います。つまり、『附属施設』となるコミュニティのおかげで旅を完成させることができたのです。

もし、あなたがやりたいことが見つからないなら、気になる分野の本を読み、日本や世界を旅するのも良いでしょう。**心と体の旅を通じて、目的地は自然と見えてくる**からです。運を転じると書いて『運転』と言います。自分が誰であり、何を知っていて、誰を知っているか。こうした**身の回りのモノゴトに好奇心を持つことから始めましょう**。

アイデアのサイン■●▲の法則　ポイント

▼夢ややりたいことがないなら、読書や旅に出て運を転じることから始めよう

序章　アイデアの教習所へ、ようこそ

第1章　アイデア観の4タイプと陥りがちな罠

第2章　四角い『目的のサイン』で、理想を描け
目的のサイン

＼いまここ／

第3章　丸い『制約のサイン』で、現実を見据えよ
制約のサイン

第4章　三角の『葛藤のサイン』で、第3案を導け
葛藤のサイン

終章　『アイデアのサイン』で、人生を乗りこなせ

第3章

丸い『制約のサイン』で、現実を見据えよ

問題をきちんと言い表せることができたら、
問題の半分は解決したようなものだ。
チャールズ・フランクリン・ケタリング（発明家）

制約のサイン

丸い規制標識に学ぶ、『制約のサイン』

続いては、あなたが向き合う『制約のサイン』について伝えていきましょう。ちなみに制約といえば、パナソニック創業者の松下幸之助は、成功の秘訣について聞かれたインタビューでこう答えたといいます（イ・ソユン、ホン・ジュヨン『The Having』飛鳥新社）。

『「天から与えられた三つの恵みがありました。貧しかったこと、体が弱かったこと、勉強する機会がなかったことです。そのおかげで成功できたのです」（中略）「貧しさのおかげで、誠実さが重要であると早くから気づきました。生まれつき体が弱かったので健康の大切さを知り、体を大事にしてきました。小学校四年生のときに中退したので、つねに学ぶことに関心がありました」』

一見ネガティブに映りがちな、お金がない、体力がない、学歴がない、こうした制約でさえも、その良い側面をまなざすことで成功につなげることができます。つまり、**自分の進む道が限定されることで、むしろ自分の戦いかたが明らかになる**のです。制約に降伏することで、幸福への道が開けると言えます。

『楽観主義者はドーナッツを見、悲観主義者はドーナッツの穴を見る。』

これはアイルランドの作家オスカー・ワイルドの言葉です。このドーナッツのように丸い標識をヒントに、『制約のサイン』について解説していきましょう。

そのヒントとなるのが、丸いカタチの道路標識、つまり『規制標識』です。『制限速度50キロ』、『3・3m以上の高さの車は通れない』、『5・5tより重い車は通れない』など主に道路におけるドライバーの禁止事項について教えてくれる標識のことです。

では、もし、こうした規制標識の意味を知らずに、道で運転したらどうなるでしょうか。きっと知らずに、大事故を起こしてしまうはずです。

【規制標識】

最高速度（制限）　高さ制限　重量制限

アイデアをカタチにするためには、まずそのアイデアに求められているルールを知らねばなりません。サッカーでも『ゴールキーパー以外は手を使ってはいけない』というルールを事前に知らなければ、すぐにレッドカードで退場になってしまいます。**アイデアをカタチにするためには、まず何をしてはダメか、どこまでのことなら許されるかを事前に把握する必要があります。**いくら理想的なアイデアでも、現実的に求められる品質やお金や時間の制約をクリアできなければ、カタチになることはありません。

この品質・お金・時間の制約を、英語ではQCDと呼びます。QCDとは、Q（クオリティ＝品質）と、C（コスト＝お金）と、D（デリバリー＝時間）の頭文字を表しています。**この品質とお金と時間の3つの要素は、トレードオフの関係になることが多い**です。

例えば、品質を上げようとすれば、追加の資金や完成までの時間は伸びます。コストを抑えようとすれば、品質の低下を招くか、仕事を後回しにされやすい。時間を短くしようとすれば、品質を犠牲にするか、割り増し料金で人に動いてもらうしかありません。あちらを立てれば、こちらが立たない。みんなにいい顔はできないのと一緒です。

このＱＣＤのトレードオフを踏まえた上で、アイデアの実現のためには、ＱＣＤのどの要素を優先するかについて順位を整理しましょう。アイデアを机上の空論で終わらせたくなければ、このことを胸に刻み込み、自分と向き合う必要があるのです。

アイデアのサイン■●▲の法則　ポイント

- ▼制約に降伏することで、幸福への道が開ける
- ▼丸い『規制』の標識のように、アイデアの制約条件と向き合おう
- ▼アイデアで特に意識しておく制約条件は、ＱＣＤ（品質・お金・時間）である
- ▼品質とお金と時間はそれぞれトレードオフの関係になりやすい

その制約は、強さにも優しさにも変えられる

制約条件について話をするのは、**アイデアがカタチにならないほとんどの原因は、QCDの事故**だからです。つまり顧客や上司などと求める品質や予算、納期が大幅に食い違うことで、そのプロジェクトが続けられなくなり、結果としてアイデアは日の目を見なくなります。

品質、お金、時間のどれが最重要かはケースバイケースです。たとえ最高品質のモノづくりができかけていたとしても、予定より1年も遅れてしまっているとしたら、プロジェクトは完成前に撤退してしまう可能性が高いです。逆に、いかに予定より早く納品できたとしても、故障して動かないものであれば、全く意味がありません。同じく品質や納期が申し分なくても、コストが10倍に跳ね上がっていたら、上司に激怒されてしまうでしょう。

だからこそ、しっかりと求められるポイントを把握しながら進めることが大切です。ちなみにエリヤフ・ゴールドラットが著作『ザ・ゴール』シリーズで提唱している『制約理論』では、制約、つまりボトルネックに注目することの大切さについて語られています。ネックレスも一番弱い部分から切れるのです。部分最適ではなく、全体最適で制約を捉えることで、現場が自律的に全体最適で行動するようになります。『和を以て貴しとなす』の通り、**制約（ボトルネック）に合わせてチームやプロジェクト自体が和を大切に助け合うことが、アイデアを実現する鍵**になっているのです。

とはいえ、制約やルールに縛られるのは、窮屈に感じてしまう人もいると思います。

しかし実は、制約は決してネガティブな要素だけではありません。例えるなら、制約はホースの先端です。蛇口を捻って出てくる水量は一定でも、ホースの先をグッと尖らせるだけで、水の勢いは変わる。泥を一瞬で吹き飛ばすほどの威力にもなります。つまりホースの先端を狭くする制約を加えることで、水の勢いを強めることができるのです。

また、制約は強さに変換できるだけではありません。

朝顔に水やりをするとき、ホースで直接水をかけると、水の勢いで鉢から土がこぼれてしまいます。だから普通は、ジョーロを使って水やりをします。制約はまたジョーロの先端の丸い無数の小さな穴になることもできます。ときに強さよりも優しさが求められる場面では、ジョーロの先端部分のように小さな複数の穴を開けることで、霧やシャワーのように優しく水をかけることができます。

このように**状況に合った適切な制約をかけることによって、強さだけでなく、優しさもまた生み出すことができる**のです。

広告業界でも、CMは15秒間かつ多くの人が見たくないものという厳しい制約がありました。しかし制約が強いからこそ、制約を逆手にとったインパクトの強い映像や、情緒的でほろっとくる優しい広告が、世の中に生まれたのです。

そう考えると『制約』というものは、厄介な存在ではなく、ときには自分の味方になる存在なのです。辛い境遇や逆境が、強さや優しさを生んでくれます。

アイデアだけではなく、人生も一緒だと思いませんか。

アイデアのサイン■●▲の法則

ポイント

▼制約理論のように一番のボトルネックに注目し、全体最適で考えること
▼制約とは、ホースやジョーロの先端のようなもの
▼制約によって、強さや優しさを生み出せる

《制約のサイン①》Q：品質
「スキルがない」なら、魅力に変えよ

ではここからは、制約のQCD、それぞれについて深掘りしていきましょう。まずはQ、クオリティからです。

求められる品質と表現の制約や禁止事項を知っておくことが重要です。もし今のスキルでは品質の低いものしかつくれなかったとしても、むしろそれを逆手にとって、プラスの魅力に変える方法もあります。

例えば、運動音痴な芸人ばかりが出るバラエティ番組があります。その番組で芸人たちに求められるのは、スポーツ選手のように華麗にシュートを決めることではありません。スポーツの下手さこそが爆笑を誘い、最高のエンタテインメントになっているのです。

イラストの分野でもヘタウマというジャンルもあります。あえてゆるく、力を抜いてさらりと描いたような絵が人気になったりします。カメラが生まれてから、写実的な絵画の価値が急速に失われたように、人工知能で絵が描けるようになってきている現在、よくあるアートはどんどん量産されていきます。だからこそこれからは、あえて歪んだ線をそのまま活かすなど、その人にしか出せない個性やエラーのようなことが、自分らしい人間性を表現したアートとして、価値を増していくようになるかもしれません。

アイデアのサイン■●▲の法則 ポイント

- ▼丸い規制標識のように、アイデアの品質や表現に関する制約を知ることは大切
- ▼クオリティが低いことを、個性や強みに変えられる場合もある

《制約のサイン②》C：お金「お金がない」なら、一点豪華主義で

続いてC、コストについて語りましょう。

このコストは、狭義の意味としてはお金を指します。またコストを広義の意味で捉えれば、金銭コストだけでなく活用できる人的コストや機材などの設備コストも入ります。いわゆる『ヒト・物・金』です。**当然ながらお金も人も設備も充実していればいるほど、アイデア実現には有利に働く**はずです。

確かに、同じ東京から福岡までの旅でも、夜行バスや青春18切符で丸1日かけてノロノロと辿り着くのと、飛行機で1時間ちょっとで直行するのとでは、旅の大変さはだいぶ違いますよね。

また、アイデアをカタチにするという視点で言えば、普通は自分1人で休日や平日の隙間時間しか使えません。しかし、お金をかけられるのであれば外部のスタッフにも協力を依頼することができるでしょう。このように顧客や上司、家庭の状況などを見て、**アイデアを実現するためにどれほどのお金を許容できるのかを探っておく必要があります**。

一般的には、お金はある方が自由度は増えますが、ないならないなりに一点突破するのも手です。例えば、低予算ながらロングランヒットした映画『カメラを止めるな!』では、お金がかけられないことを逆手にとり、『自主制作映画の現場』を舞台にした物語にしました。すると、その有名俳優がいないキャストと素人っぽさの残る映像こそが、リアリティのある自主制作映画らしさを感じられる演出に変わりました。また、ホラー映画の金字塔となった『SAW』では、あえて少ない登場人物と1つの密室を舞台装置として限定することで、逃げ場のない絶望感を感じる演出に変えました。

こうして**お金がないからこそ、思いきった一点突破のアイデアで逆転できる場合もあります**。

コストをかけないための戦略の例としては、『IKEA』では家具を購入した後に顧客自身が持ち帰って組み立てるようにしたことで、低価格での販売を実現しました。また、100円で買えるものだけを並べることで気軽に買いやすくした『100円均一ショップ』も生まれました。こうした戦略を、コストリーダーシップ戦略と呼びます。あえて安さを売りに競争優位性をつくるのです。

一方、アイデアの方向性によっては、予算が潤沢にあれば圧倒的に良いものがつくれる場合があります。その場合は**コストを抑えるのではなく、別のお金の出どころを探る手もあります**。例えば、うまく別の部署にもプラスになるように巻き込んで、他部署の予算を引っ張ってくるのもありです。また、クラウドファンディングを通じて多くの賛同者から少額のお金を集めることもできます。さらには、エンジェル投資家やベンチャーキャピタルから投資を受けるという手だってあります。デジタルの進化によってお金の選択肢も広がってきているのです。

本当に素晴らしいアイデアであれば、**変に小さく自己資金でトライするよりも、スケー**

ルの大きな挑戦ができる場合だってあるでしょう。このように、思考停止して「お金がない」と決めてしまう前に、どうすれば周りの人々がお金を出して応援したくなるアイデアに仕上げられるか、という視点で考えてみましょう。

アイデアのサイン■●▲の法則　ポイント

▼丸い規制標識のように、コスト（お金や人的リソース）の制約を探ることは大切
▼低予算でも、一点豪華主義や別のお金の出どころを探ることで勝負できる

《制約のサイン③》D：時間
「時間がない」なら、戦い方をずらせ

3つ目のDはデリバー、つまり時間のことです。納期などの時間の制約について考えてみましょう。

例えば宅配ピザの産業を見てみましょう。当時のピザ業界は、味か安さのどちらかで勝負するのが一般的でした。そこに『30分以内に届けられなかったら無料』と、時間の価値を提案したことで一躍有名になったのが『ドミノ・ピザ』でした。同じく『いきなり！ステーキ』なども、うまく戦い方をずらした事例です。

顧客や上司が求めるアイデアのデッドライン、つまり死線を知っておくことが重要です。

それにしてもデッドラインとは、よく考えたら物騒な言葉ですが、締め切り効果のように、死の線ギリギリで集中力が高まる人もいます。哲学者のハイデガーは著書『存在と時間』の中で、『死を覚悟して生きる』ことの大切さを説いていました。

『メメント・モリ』という言葉がありますが、これは『死を思え』を意味する言葉です。人間はいつ死ぬかわかりません。だからこそ、自分が死ぬまでに何を残せるのかを考えることで、真剣にアイデアについて考え始めます。死と向き合うことが、今ここを生き抜くアイデアを生み出すための活力なのです。

また、仕事の依頼時に気をつけることがあります。それは『なるはや』です。『なるはや』は『なるべく早く』を意味するため、気軽に打ち合わせで使いがちです。あなたは『なるべく早く』と聞いて、どれくらいの時間をイメージしますか。1週間、3日間、それとも気が短い人は24時間以内だとイメージしているかもしれません。もし、あなたがいつもより頑張って5日で仕上げたとします。しかし別の人にとっては、4日も納期を遅れて提出されたと怒り出しかねません。このように人の感覚はそれぞれに違います。だからこそ**『なるはや』が出てきたら、すぐに時間のイメージをすり合わせましょう**。

とはいえ、『なるはや』と依頼されたときも、単にバッファを見て頼んでいるだけで、実際はもう少し締め切りまで余裕がある場合もあります。もし今のアイデアが60点の出来だった場合、まずは60点でも締め切り前に提出する方が喜ばれるのか、納期を多少後ろ倒ししたとしても品質を高める方向で努力した方が良いのか、についても話し合えるとベストでしょう。**制約条件は一度決めたからと頑なになってしまうのではなく、状況に応じてチームですり合わせ、柔軟に変更しつつアイデアをカタチにしていくもの**なのです。

ちなみに、それでも「時間がない」場合はどうしたら良いでしょうか。**圧倒的に「時間がない」場合、『時間を質に転化する考え方』そのものを手放すのもあり**です。

あなたは、マルセル・デュシャンの『泉』というアートを知っていますか。この作品は、市販のトイレの便器を置いて、タイトルに『泉』とつけただけの作品です。一般的な絵画や彫刻と違い、既存のトイレの便器にサインを入れるだけですから、制作時間はほとんどかかっていません。しかし「これはアートになりうるのか？」と、芸術そのもののアイデンティティに揺さぶりをかけるほどの問題提起をしたことで、アート史に残る傑作になっています。

つまり「時間がない」から傑作はつくれない、とは必ずしも言えないわけです。逆に言えば、長い時間をかけたからといって、クオリティが上がるとも言い切れない。もちろん時間がないと焦ってしまい力を発揮できなくなる人や、じっくりクオリティを上げていく方が性に合う人もいます。この辺りは自分の働き方を見つめながら、自分にとってベストな、アイデアをカタチにする方法を見極めてほしいのです。

アイデアのサイン■●▲の法則　ポイント

▼丸い規制標識のように、時間の制約を探ることは大切

▼『デッドライン』『なるはや』など、時間のイメージのすり合わせは慎重に

▼「時間がない」ときには、時間を質に転化する戦い方を手放す手もある

変えられない事、変えられる事、変えられないと思い込んでいる事

吉野家が打ち出した『やすい・はやい・うまい』という言葉があります。このQCDの視点で飲食業界全体を整理すると、また違った見方もできます。

ファストフードチェーン店　『かなり安い・かなり速い・普通にうまい』
近所の居酒屋　『普通に安い・普通に速い・結構うまい　』
一流レストラン　『結構お高い・割と遅い　・超うまい　』

もし自分が飲食店をオープンするとしたら、どんなポジショニングをするかが見えてくるでしょうか？　安さを売りにするなら、ゴーストレストランのように店舗を持たずに配送に特化するアイデアを考えるのもありです。また、速さを売りにするなら、調理のオペ

レーションを極限まで効率化するアイデアも良いでしょう。うまさで勝負するなら、仕入れる食材や料理人にもっと投資しましょう。このように**QCD観点の優先順位をつけると、アイデアは自然に生まれてきます。**

こうした制約条件は、本当にそれが制約なのかと囚われすぎない自由もまた大切です。**制約には、絶対に変えられない制約と、多少の融通が利き変えられる制約と、そして変えられないと思い込んでいる制約があります。**『変えられない』と勝手に思い込んでいたけれど、上司の上司に確認したら変更可能だった、なんてことはよくあります。とはいえ、まずは制約を定めないことには、いつまでもフワフワした妄想のままなのです。

だからこそ制約を受け入れて、まずはアイデアを考え始めること。その上でアイデア実現の過程で、どうしてもQCDの壁にぶつかってしまった際には、あらためてその制約を動かせるか交渉していきましょう。

ちなみに漫画『HUNTER×HUNTER』では、『制約と誓約』という概念が登場します。

どれだけ厳しい制約を自分にかけるかで、自分の必殺技としての念能力が開花するかが決まります。これは制約によって、覚悟の強さが決まるということです。この概念はアイデアを考えるにあたっても、ヒントにすることができます。なんの制約もなく「なんでもいいからつくってください」は、自由すぎて逆に難しいのです。つまり**制約は、クリエイティビティの味方**なのです。

アイデアのサイン■●▲の法則

ポイント

▼変えられない制約、変えられる制約、変えられないと思い込んでいる制約を明らかにせよ

『アイデアの教習所』のひとことアドバイス

理想（目的地）と現実（制約条件）は、何度も変更してOK！
難しく考えすぎず、あくまでも「仮ぎめ」して、考え始めるきっかけにしよう。
変数が変われば、出てくるアイデアも変わるので、
アイデアが浮かばずに困ったら、どれかの変数を動かせないか考えてみよう。
また１人だと思い込みに囚われてしまいがちなので、
チームで話し合って取り組むのもオススメ。

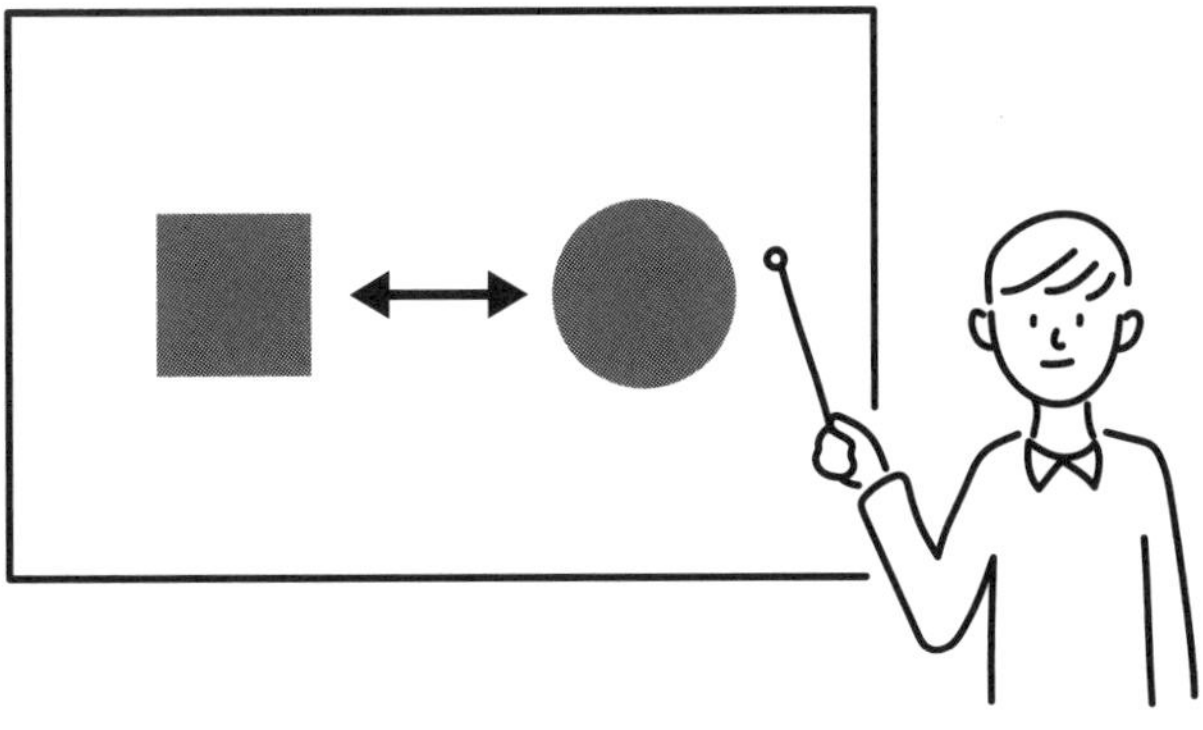

アイデアのサインの法則

序章　アイデアの教習所へ、ようこそ

第1章　アイデア観の4タイプと陥りがちな罠

第2章　四角い『目的のサイン』で、理想を描け
目的のサイン

第3章　丸い『制約のサイン』で、現実を見据えよ
制約のサイン

＼いまここ／

第4章　三角の『葛藤のサイン』で、第3案を導け
葛藤のサイン

終章　『アイデアのサイン』で、人生を乗りこなせ

第4章

三角の『葛藤のサイン』で、第3案を導け

昨日倒れたのなら、
今日立ち上がればいい。
ハーバート・ジョージ・ウェルズ（歴史家・社会活動家）

目的のサイン

三角の指示標識に学ぶ『葛藤のサイン』

あなたは、人や自転車が道路を渡るピクトグラムが書かれた標識を見かけたことはありますか。これは指示標識と言って交通方法を示す標識です。中でも、三角形の『横断歩道』と『自転車横断帯』、『横断歩道・自転車横断帯』は特に味わい深いサインなのです。

これまでの案内や規制の標識は、車のドライバー目線の一方通行なサインでした。しかし今回の三角の指示標識は、車には注意を促しながらも、メインは歩行者や自転車側への道を示すものです。つまり、**三角の指示標識は互いの葛藤を解決する双方向の標識**だと言えます。

基本的に交通標識は、車を運転する人のために作られています。しかし、この三角の指示

【指示標識】

横断歩道

自転車横断帯

横断歩道・自転車横断帯

標識（横断歩道と自転車横断帯）だけは違います。そもそも車社会が浸透するにつれて、道路における車と歩行者・自転車という対立が生まれました。そこでその対立の葛藤を乗り越えるために生まれたのが、三角の指示標識です。そのため私はこれを『葛藤のサイン』と呼び、特別扱いしているのです。

道路における車と歩行者・自転車が共生するために、理想と現実を乗り越えたのがこのサインなのです。アイデアにおいても、理想と現実の間で導かれた一本の横断歩道のように、**最適なルートを見つけ出すことが肝心**なのです。

それは哲学者ヘーゲルが提唱した『弁証法』（アウフヘーベン）という考え方です。ヘーゲルの弁証法は、テーゼ（正：定説）とそれに対するアンチテーゼ（反：反対意見）の対立から、新たにジンテーゼ（合：定説と反対意見を超えた意見）を生み出す考え方をします。

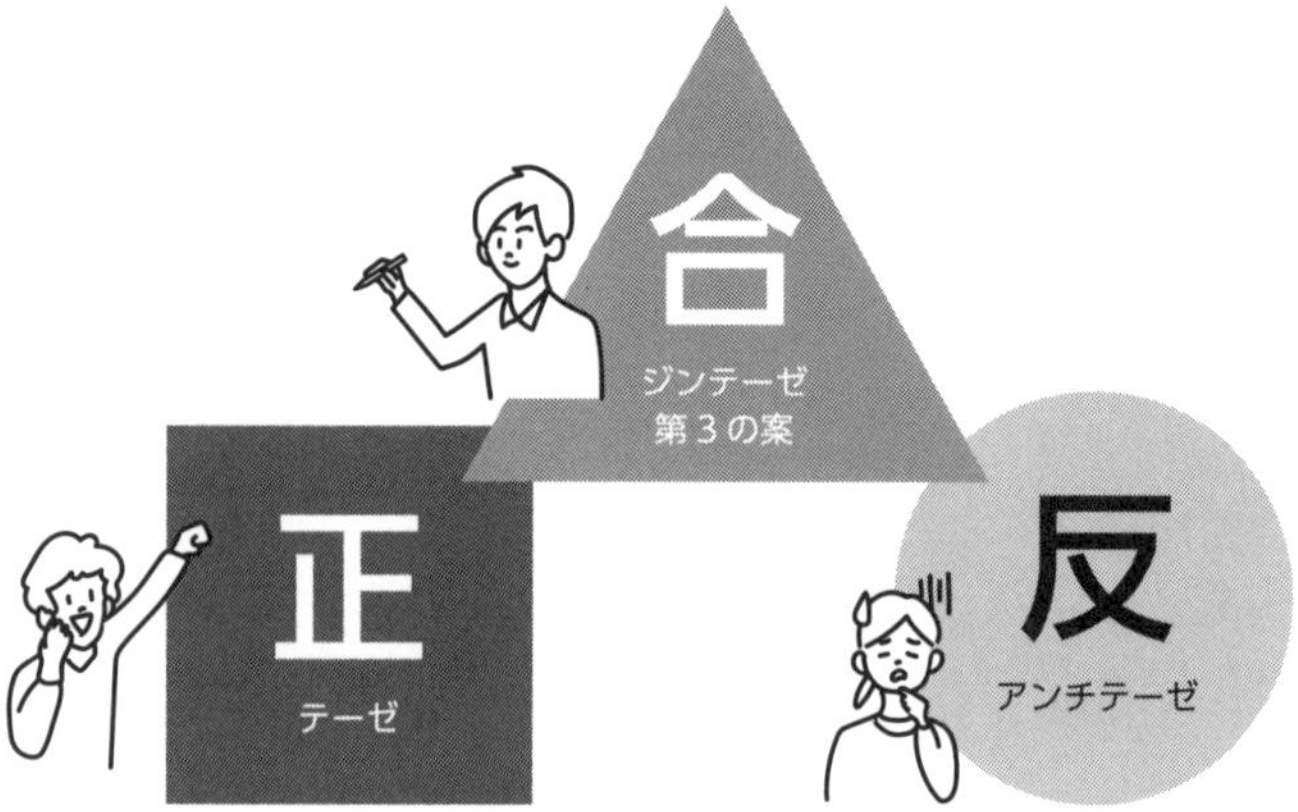

具体例を出すと理解しやすいはずです。作家のエイミー・ジョーンズ氏は書籍『物語のつむぎ方入門』（駒田曜訳・創元社）で、このようないくつかの具体例を通じ弁証法を説明しました。

『テーゼ（正）：子供が、何の知識も持たずに世界を探検する。
アンチテーゼ（反）：
　子供が、潜在的に危険な対立物である炎に出会う。
ジンテーゼ（合）：
　子供は炎でやけどし、火は悪いものだという知識を体得し、経験から学ぶ。』

『テーゼ：登場人物が旅に出る。
アンチテーゼ：対立的存在（自分と全く違う相手）に出会う。
ジンテーゼ：それぞれが互いの資質を自分に取り入れる。』

このように子どもの成長の過程における葛藤と経験、また物語の骨組みを設計する際も、弁証法的な考え方は使われているのです。

アンパンもまた、身近な弁証法的アイデアだと言えます。西洋から日本に入ってきたパンを「正：テーゼ」だとすると、「反：アンチテーゼ」として、日本の伝統的なあんこがあります。それらを取り入れた「合：ジンテーゼ」として、独創性あふれる日本の菓子パンとしての「アンパン」が生まれたと言えます。

正（テーゼ）　**：西洋のパン**
反（アンチテーゼ）　**：日本のあんこ**
合（ジンテーゼ）　**：日本独自のアンパン**

テーゼと聞いて最初にピンときたのは、大ヒットアニメ『エヴァンゲリオン』の主題歌『残酷な天使のテーゼ』だと言う人もいるでしょう。例えば思考実験として、もしも弁証法で『残酷な天使のテーゼ』のパロディソングとその曲で語られている歌詞のテーマを生み出すとすれば、こんな感じになるかもしれません。

正：残酷な天使のテーゼ ⬇厳しい運命が待っているとしても飛び立ちなさい
反：情け深い悪魔のアンチテーゼ ⬇社会の荒波で苦しむくらいならずっと側に居なさい
合：ツンデレな神様のジンテーゼ ⬇逆境に抗い、愛情に包まれ、人生を生き切りなさい

まずは弁証法的な考えで『目的のサイン』の理想を正（テーゼ）として、『制約のサイン』を反（アンチテーゼ）として、きちんと整理すると『葛藤のサイン』である合（ジンテーゼ）が自ずと導かれてゆく、そのことを理解することから始めましょう。

アイデアのサイン■●▲の法則 ポイント

▼『葛藤のサイン』は、三角の指示標識とヘーゲルの弁証法に学ぼう
▼弁証法は、正（テーゼ）⬇反（アンチテーゼ）⬇合（ジンテーゼ）で考える

《葛藤のサイン⓪》葛藤ジレンマはイノベーションの準備体操

そもそも、理想と現実の間で葛藤している状態とは、イノベーションが生まれる前の準備体操のようなものです。あなたも運動する前に軽くストレッチするでしょう。この体の筋を伸ばしている最中のイタ気持ちいい感じくらいに捉えればいいのです。マーケターの森岡毅氏は、著書『ＵＳＪのジェットコースターはなぜ後ろ向きに走ったのか？』（角川書店）の中でこう語っています。

『「良いアイデア」を出すにあたって、ほとんどの人が実はよく考えていないのが、次の２点です。

①良いアイデアとはどんな条件を満たすアイデアのことか？

②それらの条件を組み合わせて、良いアイデアを探すにあたっての着眼点（釣るポイント）をどこに定めて頭脳をフル回転させるべきなのか？』

まさにここで語られている『良いアイデアとはどんな条件を満たすアイデアか』を戦略的に整理する方法が、私が伝えてきた『アイデアのサインの法則』です。交通標識をヒントに、アイデアの『目的』を経路・地点・附属施設の3点から解像度を高め、同じく『制約』条件をＱＣＤ（品質・お金・時間）の観点で整理することです。あなたがきちんと『目的のサイン』と『制約のサイン』を押さえていれば、理想と現実の間で『正しく葛藤できる』状態に辿り着けるはずです。これは、なんとなくモヤモヤと悩み続けているのとはワケが違います。**あなたの意識と無意識は、ちゃんとどんなアイデアが求められているのかがわかっています。**それこそ脳のＲＡＳに、あなたが求める良いアイデアのカタチをプログラミングできている証拠です。

『イノベーションのジレンマ』とは、クレイトン・クリステンセンが提唱したマーケティングの理論です。まずは、ざっくりとこの理論を紹介しましょう。イノベーションとは革新、ジレンマとは葛藤のことです（参考『イノベーションのジレンマ増補改訂版』玉田俊平太監修・伊豆原弓訳・翔泳社）。

すでに既存領域で成功している大企業にとって、新規事業は小さく魅力的に映らない。その上、既存の事業を破壊してしまう可能さえあるように見える。そのため、安易に手を出せない。だからこそ、その隙に小さなスタートアップ等が、既存の商品より劣るが魅力的な要素を持つ製品を投入する。結果的に大企業は既存領域で勝っているからこそ、新興勢力に大幅な遅れをとってしまうジレンマに陥る。

これは言い換えるなら、目の前の葛藤（今の自社の既存事業を脅かす新規事業）を避けることで、結果的に『革新の葛藤（小さなスタートアップに新市場で遅れをとってしまう）』に陥ると言えます。私は以前、『選択と集中タイプ』について紹介しました。人は誰しもアイデアを実現するためのプレッシャーが高まってくると、こうした傾向が強まるものです。

つまり『選択と集中タイプ』になると、目の前の葛藤と向き合うことを避け、既存商品の焼き直しなど、今ある選択肢から安易に行動を選択してしまいます。だから逆説的ですが、葛藤を避けることが、『イノベーションのジレンマ』の原因です。つまり逆に言えば、**苦しくとも自ら選択して目の前の葛藤の中に留まって第3の案を思考し続けることができれば、葛藤からイノベーションを生み出せる**わけです。私は『イノベーションのジレンマ』理論の逆転の発想として、『ジレンマのイノベーション』と名付けました。

それでは、このことを体感してもらうために、1つクイズを出しましょう。

お殿様が「大自然をワシのものにしたい」とわがままを言った。
しかし大きな土地を買えるお金はありません。しかも期限は明日。
さて、どんなアイデアを提案しますか？

無理難題に見えても、まずは正しく葛藤するために、『目的のサイン』と『制約のサイン』で要素を整理しましょう。

【理想】『目的のサイン』
経　路：大自然の雄大さを感じられるもの
地　点：具体的に何らかのカタチで所有できるもの
附属施設：お殿様が喜ぶ芸術性の高いものだとなおよし

【現実】『制約のサイン』
品質：高品質（＊お殿様が満足を感じられる質の高いもの）
お金：低予算（＊広い土地やたくさんのお金はかけられない）
時間：明日まで

いかがでしょうか？　この理想と現実を見てみると、かなりギャップがあるように感じられます。しかしその葛藤があるからこそ、革新を起こせる可能性があるということです。葛藤を受け入れることが、アイデアのスタートラインなのです。だから悩んでいるときは、**葛藤はイノベーションに前向きに取り組んでいる証**だと捉えましょう。「アイデアとちゃんと向き合っている証だ」と葛藤を味わうことから、アイデアは紡がれるのです。

アイデアのサイン■●▲の法則

ポイント

▼三角の指示標識のように、葛藤を受け入れる覚悟を決めよう

▼『ジレンマのイノベーション』を信じ、アイデア誕生前夜を味わおう

《葛藤のサイン①》疑問「本当に？」で問い直す

それでは、いよいよ弁証法の段階に入っていきましょう。

まずは、**第3の案を生み出すためには、目的と制約条件、それぞれを「本当に？」と問うことから始めてもらいます**。あえて前提を疑うこと。目的と制約条件をそのまま鵜呑みにせずに疑う習慣を持つだけで、突破口が開けてくるものです。

では正：理想の『目的』を疑うなら、「本当に、大自然を人工的に感じられる方法はないの？」と問いかけてみること。次に反：現実の『制約』を疑うとすれば、「本当に、有限の土地で無限の広がりを感じられる方法はないの？」と問いかけてみます。

【▲葛藤のサイン】

STEP 1 疑問「それって本当に?」

正:理想(目的):大自然を感じたい ⬇ 本当に、人工的に感じられないの?

反:現実(制約):限られた土地 ⬇ 本当に、有限の土地じゃダメなの?

『2ちゃんねる』創設者のひろゆき氏も「それって、あなたの感想ですよね?」とよく質問します。確かに**理想と現実の両面に対し「それって、本当に●●なの?」と前提を疑ってみるだけで捉え方は変わります**。問題を俯瞰して眺められます。これなら目的や制約から隠れた盲点も減らせそうです。

アイデアのサイン■●▲の法則 **ポイント**

▼①疑問:理想の『目的』と現実の『制約』の両方に疑問を呈しかけてみよう

▼理想と現実を安易に信じず「本当に?」と見つめることで、思い込みを手放そう

《葛藤のサイン②》上昇「それなら仮に…」で正反どちらも高める

疑問を持ち前提を疑うことができたら、発想が柔軟になってきます。そして次は**浮かんだ疑問に対し、「それなら仮に…」と正・反どちらも高める『上昇』ができないかと考えてみること**です。

『大自然を人工的に感じたい』という目的は、それなら仮に『人工的な大自然』があればいい。次に『有限の土地でも無限の広がりを感じたい』という制約は、それなら仮に『有限な無限大』があればいい。確かに、こうして**目的と制約条件の前提を疑った上で仮定で高めていく『上昇』を意識することができれば、いよいよアイデアの輪郭が見えてきます。**

【▲葛藤のサイン】

STEP 2 上昇「それなら仮に…」

正：理想（目的）：それって本当に、人工的に感じられないの？

⬅

正：理想（目的）：それなら仮に「人工的な大自然」が、あればいい

反：現実（制約）：それって本当に、有限の土地じゃダメなの？

⬅

反：現実（制約）：それなら仮に「有限な無限大」が、あればいい

アイデアのサイン■●▲の法則 ポイント

▼②上昇：理想の『目的』と現実の『制約』の両方を高められないか、と考えてみる

▼口癖「それなら仮に…」で、正反どちらも上昇させてみよう

《葛藤のサイン③》保存「つまりは…」で、ひとこと化せよ

最後は、**疑問を呈し上昇させて概念を、「つまりは…」でひとこと化する段階**です。一言のフレーズとして言葉を保存することで、アイデアはその後チームで扱いやすくなるはずです。

先ほど考えた『人工的な自然』という目的と『有限な無限大』という制約を超えるものを合体させて言語化してみます。それは「つまりは?」……『大自然の無限の広がりを、人工的に有限な盆上で感じられる物』という感じです。それこそ現代の『盆栽』のことです。お盆の上に木を移植し、小さな生態系をつくり出すことで、自然の無限の広がりを表現できます。小さくて限られた空間だからこそ、想像力を膨らませて、自然を想起できることに盆栽の良さがあったのです。

【▲葛藤のサイン】〈ヘーゲルの弁証法〉

STEP 3 保存「つまりは…」

正：理想（目的）「人工的な大自然」

⬅

合：第3の案　大自然の無限の広がりを人工的に有限な盆上で感じられる物＝『盆栽』

➡

反：現実（制約）「有限な無限大」

アイデアのサイン■●▲の法則

ポイント

▼③保存：理想の『目的』と現実の『制約』の両方を兼ねる概念をひとこと化してみる

▼口癖「つまりは…」に続けて、アイデアを保存しよう

アイデアの質を無限に高め続ける方法

こうして目的と制約条件を整理した上で、葛藤を受け入れること。それから落ち着いて、まず①「**本当に?**」で疑問を出し、②「**それなら仮に…**」で上昇し、③「**つまりは…**」でひとこと化して保存しましょう。この**弁証法のプロセスで順を追って思考を深めていけば、はじめは無理難題に見えたものにも、答えとなるアイデアが出せるはず**です。

こうして答えを聞けば「なんだ、盆栽のことか」と納得できるはずです。実際に当時も、「限られた空間で自然を感じるためには?」という理想と現実の間にある葛藤から導かれて、盆栽という歴史に残るアイデアは生まれたのです。

実はこの『アイデアのサインの法則』の面白いところは、一度アイデアを見つけて終わ

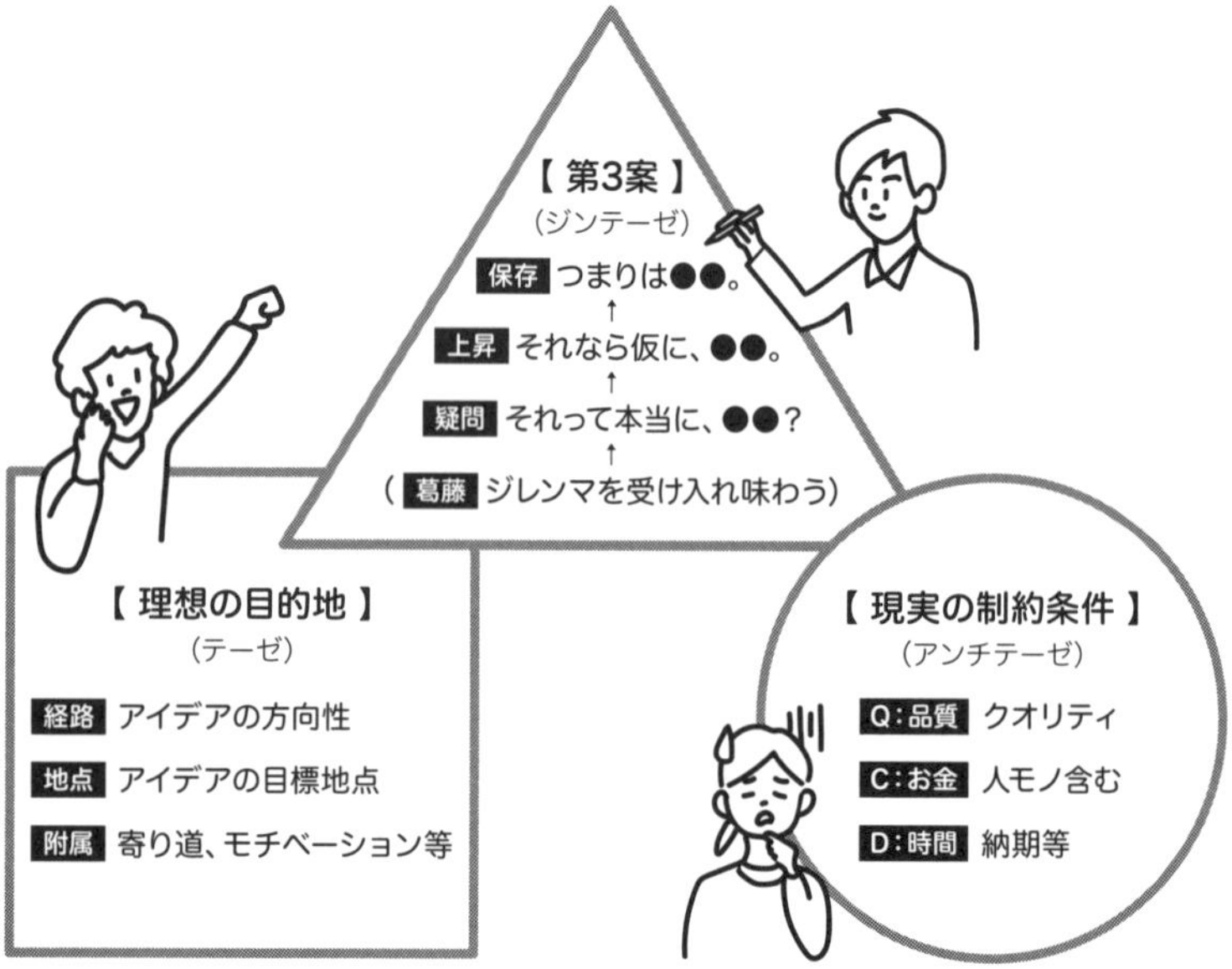

りではないということです。**理論上、アイデアの質は無限に高め続けられる**のです。

具体的に説明しましょう。弁証法のプロセスで出した第3のアイデアを、今度は新たな正としてまた正⬇反⬇合のプロセスで次元を上げること。すると次代における、第3の案を出せるのです。先ほど出した『盆栽』を例に考えてみます。

【１回目のアイデア創造】

合（＊次代の正）：「（中国由来の）盆栽」

⬅

【２回目のアイデア創造】

反（アンチテーゼ）：明治時代、田舎から都会に出る人が急増。自然を感じられないか？

合（＊次代の正）：庶民でも身近に自然の息吹を感じられる「趣味としての盆栽」

⬅

【３回目のアイデア創造】

反（アンチテーゼ）：盆栽ブームが広がり、もっと独自のこだわりを追求できないか？

合（＊次代の正）：樹形や器など様式の多様化を愛でる「芸術としての盆栽」

⬅

【４回目のアイデア創造】

反（アンチテーゼ）：昭和初期、もっと欧米にアピールできるものはないか？

合（＊次代の正）：大隈重信や吉田茂等による「日本の精神文化としての盆栽」

⬅

【5回目のアイデア創造】

反（アンチテーゼ）：現代の日本の感性（オタクカルチャー等）を取り入れられないか？

合（＊次代の正）：現代の感性で刷新した「世界を魅了する現代アートとしての盆栽」

こうして時代ごとの新たな課題が出るたびに、それを乗り越えるアイデアとして盆栽のあり方が変わっていく過程は面白いと思いませんか。1つのアイデアを実現すると、いずれ時代や状況の変化に合わせて、新たな困りごとに気づけるようになります。それを新たな制約としてまた乗り越えられれば、新たなアイデアが生まれていく。こうしてアイデアの道は続いていきます。

また、**アイデアの進化はジャンルを超えて発展することもあります**。アンパンは西洋由来のパンと日本のあんこが合体して、日本独自の文化としてのアンパンができます。さらにアンパンはジャンルを超えて、子どもたちに愛される日本独自のヒーロー像としての「アンパンマン」が誕生したのです。

正（テーゼ）：西洋のパン
反（アンチテーゼ）：日本のあんこ
合（＊別の問いにおける正）：日本独自のアンパン
⬅
反（アンチテーゼ）：西洋を代表するヒーロー像としてのスーパーマン
合（ジンテーゼ）：日本を代表するヒーロー像としてのアンパンマン

瓦もまた弁証法的なアイデアから生まれたものです。樋口清之氏の『梅干と日本刀』（祥伝社）によれば、もともと中国から伝来した瓦は丈夫で耐久性がある利点がありましたが、欠点は重いことでした。中国では釘で瓦を固定するのが一般的でしたが、地震大国の日本では泥で瓦を固定することで、『あえて滑りやすく剥がれやすくするアイデア』を考え出したそうです。

『地震があって、家が一方に傾くと、傾いたほうの瓦が滑り落ちる。その限界は二五度だといわれるが、一方が落ちると、当然、反対側が重くなり、その力で家は反対側に復元し、さらに傾いて、そちらの瓦も落ちる。一、二の二動作で瓦が落ちると、屋根は裸になって軽量になり、建物の木組みだけが残って、押しつぶされることがない。もし、中国の方式に従ってクギでとめてあれば、一も二もなく、その重量で押しつぶされているだろう。』

盆栽もアンパンも瓦だって、当たり前に存在しているように感じている、身の回りのもの。しかし世界は誰かのアイデアでできているのです。**私たちの生活は、数えきれない誰かの無数のアイデアの積み重ねの上に成り立っています。**私自身そのことに気づいたとき、多くのモノに感謝できるようになりました。あなたも一度、身の回りに目を向けてみてください。私たちの周りは常に誰かのアイデア、つまり愛に満たされているのです。

アイデアのサイン■●▲の法則　ポイント

- ▼アイデアを一度考えたとしても終わりではない
- ▼アイデアは正反合の繰り返しで、無限に進化し続けられる
- ▼アンパン（食料）⬇アンパンマン（物語）などジャンルを超えた進化も可能

第４章

□○▲

三角の『葛藤のサイン』で、第３案を導け

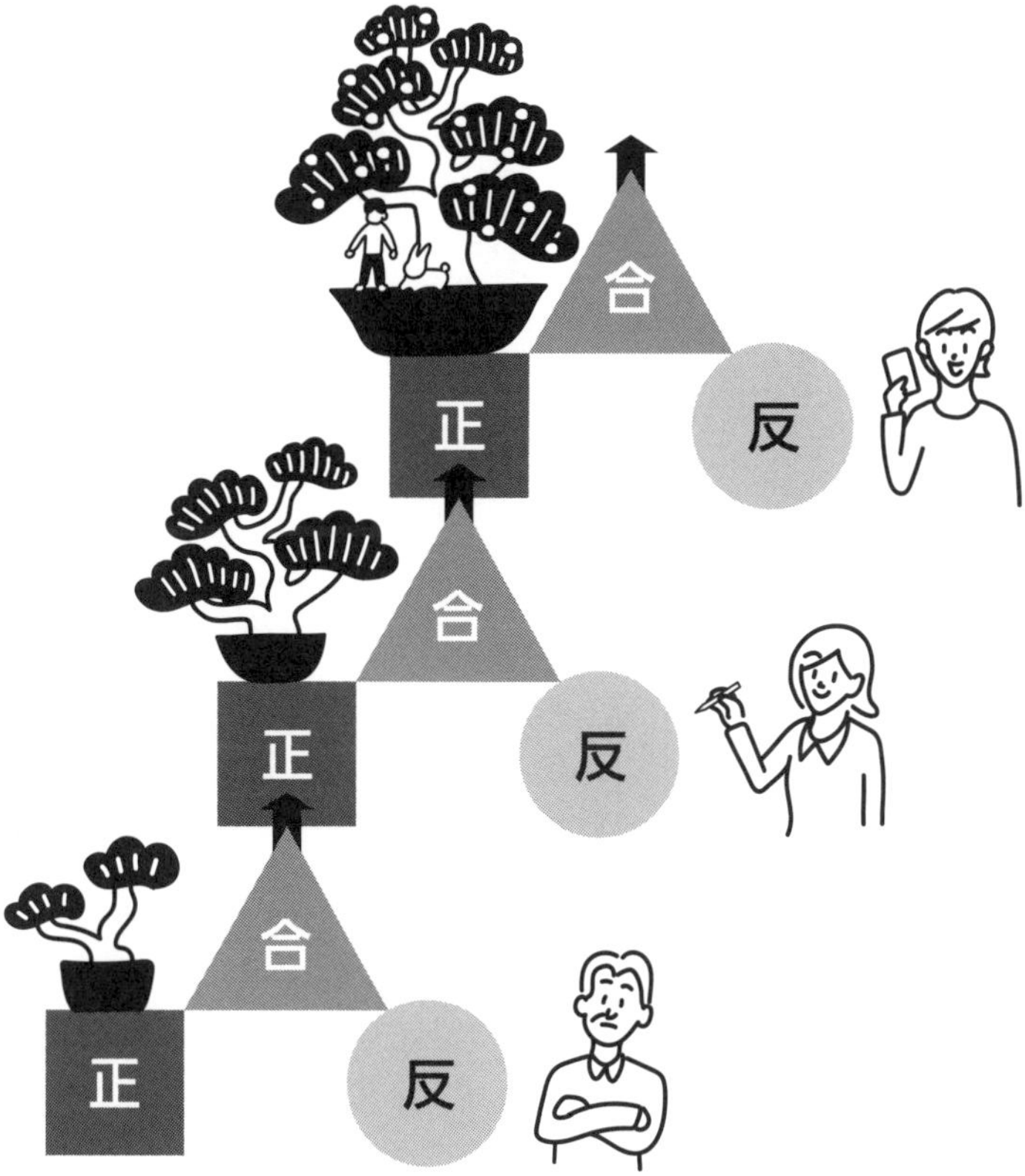

人事を尽くして、アイデアを待つ

この章では『葛藤のサイン』について、三角の指示標識をヒントに弁証法で考える方法をお伝えしてきました。とはいえ、それでも葛藤に苦手意識を感じている人はいると思いますので、その**『葛藤の正体』**についても触れておきましょう。


あらためて見れば、葛と藤はどちらも植物です。そこで花言葉を見てみます。

まず葛の花言葉は、「芯の強さ」と「快活」。秋の七草の1つに選ばれるほどで、日本ではかねてから、漢方薬や和菓子の成分にも使われているありがたい存在です。

次に藤の花言葉は、「優しさ」と「歓迎」。ちなみに漫画『鬼滅の刃』では、藤の花が鬼の侵入を防ぎ鬼殺隊を歓迎し、献身的に協力してくれる人々の象徴として描かれていました。実際には、藤の花は好日性植物といって、直射日光のさす場所を好んで咲き誇っています。だから日の光が苦手な鬼が嫌がるわけです。このような特徴から、昔から魔除けの効果があると言われてきたのです。

こうしてみると、葛も藤も、なかなか良い奴だと思えてきませんか。

ではなぜ『葛藤』は、ネガティブに捉えられがちなのでしょうか。

『葛藤』の語源を調べてみると、樹木に絡みつくツル性の植物である葛や藤が生い茂ると、もつれて解けにくくなる様子に由来していたことがわかりました。

しかし、あなたは既に、絡まっていた思考のモヤモヤを、『目的のサイン』と『制約のサイン』で丹念に解きほぐせるようになったはずです。ですから**葛藤は、「芯の強さ」と「優しさ」で、「快活」に「歓迎」することで、アイデアの種に変えていける**のです。

『苦しいときもある。夜眠れないこともあるだろう。どうしても壁がつき破れなくて、俺はダメな人間だと劣等感にさいなまれるかもしれない。私自身、その繰り返しだった』

その人の名はHONDA創業者の本田宗一郎です。側から見たら偉業を成し遂げているような人でも、こんな劣等感を感じていたりします。しかしある意味で、人は皆同じように他人からは見えない葛藤に苦しんでいるものだと言えます。私たちは勝手に他人のことはレッテルを貼って比較します。そして自分だけが葛藤を抱えた悲劇のヒロインのように感じてしまうものです。だから人間は1人1人違うとも言えるし、皆同じとも言えるのです。ほら、『葛藤』について考えることが、少しは楽になってきたのではないでしょうか。

一見使い物にならなさそうな欠点や逆境でも、使い方次第で、価値に変えられるのです。実際アメリカには『人生がレモンを与えたときには、レモネードを作りなさい』とのことわざがあります。このように**『葛藤のサイン』で語ってきた制約も、うまく乗り越えることで、自分らしい個性や強みに育てられる**のです。

もし考えてもお手上げ状態なら、一旦思考を手放して寄り道しましょう。

これまであなたは、目的と制約を整理し、その上で葛藤も味わいました。そして弁証法的なアプローチについても学びました。これらを脳に十分プログラミングしたのなら、**あとはあなた自身の無意識のクリエイティビティを信じて頭を空っぽにして委ねてみると、**

答えが導かれるはずです。まさに『人事を尽くして、アイデアを待つ』のです。

もちろん単に、最初から何も調べず、アイデアを待つのでは意味がありません。しかし正しく情報を集め、目的と制約を整理し、ちゃんと自分のＲＡＳにプログラミングした状態にすること。そこまで人事を尽くせば、後はあえて信頼して委ねてしまうと、自分の運命やクリエイティビティが味方してくれることもあるのです。

アイデアのサイン■●▲の法則　ポイント

▼葛の花言葉は、「芯の強さ」と「快活」
▼藤の花言葉は、「優しさ」と「歓迎」
▼『葛藤』さえ、丹念にじっくり向き合えば、絡まったツルもいつか解きほぐせる
▼『人事を尽くしてアイデアを待つ』
考え尽くしたら、時には手放して忘れることも大事

アイデアのサインの法則

序章　アイデアの教習所へ、ようこそ

第1章　アイデア観の4タイプと陥りがちな罠

第2章　四角い『目的のサイン』で、理想を描け

目的のサイン

第3章　丸い『制約のサイン』で、現実を見据えよ

制約のサイン

第4章　三角の『葛藤のサイン』で、第3案を導け

葛藤のサイン

＼いまここ／

終章　『アイデアのサイン』で、人生を乗りこなせ

終章

『アイデアのサイン』で、人生を乗りこなせ

たとえ明日、世界が滅亡しようとも
今日　私はリンゴの木を植える。
マルティン・ルター（神学者・作曲家）

カタチの神秘

これまでの講義のおさらいです。

まずは四角い案内標識から理解した『**目的のサイン**』です。次に、丸い規制標識から学んだ『**制約のサイン**』です。そして最後が、三角の指示標識から導かれた『**葛藤のサイン**』でした。これら**四角・丸・三角**の３つは、アイデアをカタチにするための重要な図形であると説明してきました。

しかし、そもそもこんな疑問を持たれた方もいるのではないでしょうか。

『**なぜ、そもそも道路標識は、四角・丸・三角のカタチをしているのでしょうか？**』

もちろん、信号機の色に意味があるように、カタチにもまたそのカタチであるべき理由が存在するのです。

まず**『四角』**は、どっしりとした安定感を持つカタチです。そのため人間は生理的に前向きで落ち着いた印象を受けます。したがって人々を導く『案内標識』にぴったりです。

続いて**『丸』**は、視覚的に膨張して見えるため、一番大きく目に飛び込んでくるカタチです。だからこそ、速度制限や重量制限など、すぐに目に飛び込んでくる必要のある禁止事項を表した『規制標識』に向いています。

さらに**『三角』**は、尖った鋭角が独創性や不安定さを表す繊細なカタチです。だからこそ、交通標識においても車と歩行者両面から注目を集める『指示標識』と相性抜群です。

ちなみに、『四角い』や『丸い』とは言いますが『三角い』とは言いません。これは、四角や丸がそれだけ人々に溶け込んでいること、またこの2つの図形よりも三角のカタチがレアであることを言語学的観点からも知ることができます。

このように**人への生理的な影響を意識して、道路標識には3つの図形が使われているの**です。

また『一休さん』こと一休宗純が作詩を学んだ建仁寺には、『○△□乃庭（まるさんかくしかくのにわ）』という小さな庭園があります。この単純な3つの図形は、宇宙の根源的形態を示していると言われています。庭にある井戸は四角（■）を、石に生えた苔は丸（●）を、庭に敷き詰められた白砂は三角（▲）を表しています。禅の教えでは、この世のすべてのものが、この3つのシンプルな図形で表現できるとも言われています。

ちなみに『宇宙』といえば、江戸時代の住職である仙厓が描いた絵も、まさに四角と三角と丸だけが描かれたとてもシンプルなものですが、そのタイトルもまた『宇宙』でした。

また神道のシンボルもまた、四角と丸と三角が重なったものです。神道においては、正方形は太陽神の天照大神（あまてらすおおみかみ）であり、丸は月の神月読尊（つくよみのみこと）を意味します。そして三角形は、星の須佐之男命（すさのおのみこと）を表しています。

【東洋：神道】

■ 四角：太陽（天照大神）

●丸　：月　（神月読尊）
▲三角：星　（須佐之男命）

また、日本の国技である相撲は、四角い砂の上に丸い土俵を描きますし、身を清める日本酒を飲むときは、四角い木の枡の中の丸いグラスにお酒を注ぎ、お酒をあふれさせています。日本の古墳も見る角度によって、丸と三角、四角が組み合わされていたりします。

ちなみに日本だけでなく、西洋においても四角い神殿や丸いストーンサークル、三角のピラミッドなど、それぞれのシンプルな図形には宗派を超えて神聖な意味があります。

【西洋：キリスト教・イスラム教など】
■四角：神殿
●丸　：ストーンサークル
▲三角：ピラミッド

こうしてみると、**四角と丸と三角の3つの要素から、無限の宇宙のようなアイデアが生まれてくることも不可能ではない**、と思いませんか。あなたもぜひ、普段の自分の暮らしの中で、この3つの神聖なるカタチを探してみませんか。あなたに必要なアイデアのヒントが見つかるかもしれません。

アイデアのサイン■●▲の法則　ポイント

▼アイデアをカタチにするためには神聖な3つのカタチの意味を知る
▼国を超えて、宗派を超えて、四角と丸と三角、それぞれのカタチに想いを馳せよう

アイデアは、整える、奏でる、叶えるの順で

突然ですが、あなたは、以下の2つの人生のうち、どちらを選びますか。

A『夢は叶うけれど不幸な人生』
B『夢は叶わないが幸せな人生』

AかB、どちらか一択を選んだ人。あなたはとても素直な良い人ですが、まだ『選択と集中タイプ』の罠にハマっているとも言えます。

夢を追いかけ始めると、どうしても視野が狭くなって、心や体を犠牲にして無理をしてしまいがちです。とはいえ、最初から夢なんて叶わなくていいなんて、安定した幸せだけを求めると、死ぬときに「自分は、本当はもっとできたのでは？」なんて後悔してしまう

ことになります。

もちろん、夢も幸せも叶わない人生を目指す人はいないと思いますが、ただ惰性で生きていると、こうした人生に陥りやすいのです。

あなたには、アイデアを通じて単に『夢を叶える人』でも、『幸せを感じる人』でもなく、第3の道である『幸せに夢を叶える人』になってほしいのです。とはいえ、この第3の道は、夢か幸せかのどちらかだけを追うよりも何倍も難しい道であることは確かです。例えばそれは、X軸だけでもY軸だけでもない、三次元のZ軸で捉える生き方だと言えます。この『幸せに夢を叶える人』として生きるために、何かヒントはあるでしょうか。

それは樺沢紫苑氏が提唱している『幸せの三段重理論』がヒントになるでしょう。そのポイントをお話しします（参考『精神科医が見つけた3つの幸福』飛鳥新社）。

脳科学的に言えば、人間が幸せを感じるのは、脳内ホルモンであるセロトニン、オキシトシン、ドーパミンが分泌されている瞬間だそうです。

まずは『心と体の健康』を整えることでセロトニンを。次に『つながり・愛』を実感することで、オキシトシンを。最後に『成功・お金』を得てドーパミンを。

さらに幸せを積み上げる順序は、必ずセロトニン、オキシトシン、ドーパミンの順であるべきだといいます。

1 セロトニン的幸福　：感情の安定・食事・運動・睡眠など「心と体の健康」を整える
2 オキシトシン的幸福：家族・友人・職場・自然など「つながり・愛」を感じられる
3 ドーパミン的幸福　：日々の仕事の目標達成や夢実現など「成功・お金」を得られる

このように、いくら仕事でノルマを達成したり、お金持ちになって社会的名声を得られたとしても、その前提として心を病んだり体を壊したり、孤独で誰とも心を通わせることができなかったら、それは幸せではないでしょう。

だからこそあなたはぜひ、この『幸せの三段重理論』を応用して次の3つのアイデアの領域を意識し、アイデアをカタチにしていきましょう。

1 セロトニン的アイデア　：睡眠、運動、食事など、心と体の健康を『整えるアイデア』
2 オキシトシン的アイデア：家族や友人知人など、愛・つながりを『奏でるアイデア』
3 ドーパミン的アイデア　：仕事や目標の達成・成功・お金など夢を『叶えるアイデア』

ここでは、**整えるアイデアと奏でるアイデア、叶えるアイデアの順が大切**です。

どうしても、『アイデアをカタチにする』といえば、商品開発や新規事業など『ドーパミン的幸福』だけにフォーカスしてしまいがちです。

しかし、アイデアとは本来は、一部のクリエーターや経営者だけのものではありません。まだ社会に出ていない学生にも、子育て中の主婦・主夫にも、リタイアした高齢者にも必要なものなのです。

それぞれの暮らしの中で、『心と体の健康』のために美味しい食事の献立を工夫したり、通学や通勤に散歩を取り入れたりするアイデア。『つながりと愛』を実感するために、家族や友人と仲良くなれるパーティを企画したり、地域や趣味のコミュニティに貢献したりするアイデア。もちろん、自分がやりがいを持てる趣味のゲートボールを継続したり、ちょっとした節約法を編み出したりといった、自分なりの小さな『成功やお金』の積み上げにつながるアイデアもあります。

あなたならきっと、アイデアによって心と体を整え、人とのつながりを奏でながら、夢を叶えられるはずです。

アイデアのサイン■●▲の法則　ポイント

▼
1 セロトニン的アイデア
　睡眠、運動、食事など、心と体の健康を『整えるアイデア』
2 オキシトシン的アイデア
　家族や友人知人など、愛・つながりを『奏でるアイデア』
3 ドーパミン的アイデア
　仕事や目標の達成・成功・お金など夢を『叶えるアイデア』
この順番でアイデアをカタチにしていくと、『幸せな叶え方』へつながりやすい

『足る』を知り、『ある』でうるおし、自らに『由る』。

かつてエリザベス女王が『枯山水』の石庭を絶賛し、世界でも有名になった禅寺である龍安寺には、小さなつくばいがあります。つくばいとは、日本庭園において茶室に入る際に、手を清めるためのもので、背の低い手水鉢に石を置いて趣を加えたものです。そのつくばいは、石の中央部分が大きく「口」と彫られており、それを囲むように4つの文字が刻まれています。

『吾唯足知』（吾れ唯足るを知る）

もともとは、老子の教え『足るを知る者は富む』に由来しています。これは『満足し感謝することを知っている者は、精神的にも充

実し富む者である』ということを意味しています。老子は春秋戦国時代の楚の思想家であり、思想書『老子』において、人も自然に倣い、あるがままに生きよと説く『無為自然』のあり方が語られています。

人間の欲望には限りがなく、また地球環境の悪化もあり、今後は成長よりも、成熟社会の到来が予想されています。『ドーパミン的幸福』を追うことにも限界が近づいてきているのです。

ちなみにあなたは漫画『まじかる☆タルるートくん』を知っていますか。実はこの『タルるートくん』という漫画は、『ドラえもん』の物質主義に対するアンチテーゼから生まれたと言われています。ドラえもんにおけるのび太くんは、いつも道具に頼って直接的に問題を解決しようとします。それに対し、『タルるートくん』の場合、魔法は自然やモノに命を吹き込み、主人公に厳しい修行をさせるものです。あくまでも、間接的なサポートの役割に徹していることが多いのです。それによって主人公の江戸城本丸は、修行を通して自らを鍛え、高い身体能力や武術などを習得していく。物語の後半では魔法に頼らず、自分の力だけで自立する存在として描かれています。

正（テーゼ）…『ドラえもん』猫型ロボットの秘密道具でのび太が問題解決する話

反（アンチテーゼ）…主人公ののび太くんが、安易に道具やモノに頼りすぎではないか?

合（ジンテーゼ）…『まじかる☆タルるートくん』主人公が魔法に頼らず自立する話

そういえば『タルるートくん』という名前も、まさに『足るへの道（ルート）』という意味、そのままでもあります。**際限なく『ない』ことへの欠乏感に囚われるのではなく、今ここに『ある』ものに感謝せよ**、と教えてくれているのです。

では『足る』を知る道で言えば、逆にそもそも何も『ない』方がいいのでしょうか。それもまた極端な思考です。誤解してほしくないのですが、**『ある』ことに感謝し豊かさを受け取ることも大切**です。その先にうるおす循環を生み出していきましょう。

読者の皆さんの中には、この章で『ない』と『ある』の両方の視点を聞いたことで、混乱した方もいるかもしれません。また、あなたがビジネス書を読んでいる際、同じジャンルでも著者によって正反対のアドバイスをしているのを、目にしたこともあるでしょう。例えば同じ書店の本棚で「困難からは逃げずに戦え」と「無駄な困難からは迷わず逃げなさい」など、真逆の主張が目に飛び込んできたりします。では、この場合、どちらかの主張は間違っているのでしょうか。私は、そうは思いません。

それは本の特性上、そのアドバイスが活きる状況やタイプがそれぞれ違うからです。

あなたが仮に飛行機のパイロットだったとします。滑走する際は「困難からは逃げずに戦え」というアドバイスの通り、向かい風の方角に向かって加速する必要があります。なぜなら飛行機は追い風ではなく、向かい風を浮力に変えて飛び立つからです。しかし今度は飛行中、気流が悪くなってきたとします。この場合に先ほどの「困難から逃げるな」というアドバイスを聞いてしまうと、無駄に長時間、荒れた上空を飛ぶことになり、パイロットのあなたも乗客も無駄に危険に陥ることになります。そんなときは「無駄な困難からは迷わず逃げなさい」という声に従うべきなのです。

また『アイデア観』の4タイプで説明したように、普段から強気で前のめりなタイプには、「まずは落ちつこう」と声をかけるでしょうし、悲観的なタイプには「きっと大丈夫だ」と勇気づけるでしょう。このように、**あなたの性格や指向性、状況によっても真逆のアドバイスがあり得る**わけです。

あなたには、絶えず変化する気流の中を飛ぶパイロットのように、臨機応変に対処しながらもアイデアをカタチにしてほしいと思っています。だからこそ、まずは自分のアイデア観が今どのタイプなのかと立ち位置を把握しましょう。その上で刻々と変化する『目的のサイン』や『制約のサイン』を柔軟にチューニングしながら、ベストなアイデアを実現させていきましょう。もちろん一度、目的や制約条件を設定したからといって、思うようにアイデアが浮かんでこない場合は、何度も条件を変えてやり直していいのです。再度、寄り道となるクリエイティブ・コミュニティの誰かに相談したり、ワクワクする趣味などの要素を追加したり、ＱＣＤの優先度や変数を調整したり。何度も試行錯誤しながら操縦桿を握り、今の自分に最適なルートを進みましょう。

自由という漢字は『自らに由る』と書きます。**今自分にとって何を選ぶのか、何が成功**

で、何が幸せなのか、他人軸ではなく自分できちんと選び取っていいのです。もしくは自らを『自然に由る』と捉えてもいいのです。自分のことはまだ信じられなくても、自分の命を活かしているこの体や、奇跡のような自然の豊かさなら信じられるでしょう。

『足る』を知ること。『ある』でうるおすこと。最後は、自らに『由る』こと。これまであなたには『アイデアのサインの法則』を通じて、『まなざすマインド』をはじめとする『アイデアの思想』を伝えてきました。今のあなたならば、『組み合わせ法』や『SCAMPER法』などの一般的な『アイデアの思考』のテクニックも前以上にうまく使いこなせるようになっているはずです。状況に合わせて、柔軟に『アイデアの思想（マインド）』と一般的な『アイデアの思考（テクニック）』を併用していきましょう。

最後にあなたに『アイデアのサインの法則』における、究極の質問を授けましょう。この問いこそ、迷ったときの羅針盤にする『アイデアのサインの法則』の真髄です。

Q：すべてのモノゴトが、あなたがアイデアを導くための伏線だったら？

映画や漫画を見ていると、登場人物たちの何気ない会話や生い立ち、ちょっとした小道具などが、物語のクライマックスに鮮やかに『伏線回収』されていきます。つまり伏線とは、サインなのです。

物語を見るとき「伏線は、どこかにきっとある」とあなたが無意識で信頼しているからこそ、あなたの感性が何らかのサインを感じ取り「そうか、あれが伏線だったか」と気づけるわけです。**偶然に思えるすべてのことの中に、求めるアイデアの答えは潜んでいるのだと、人生を信頼しましょう。**例えば、自分の故郷や、障がいの有無、貧乏か金持ちだったかなどの、過去の生い立ちや親との関係。いじめ、リストラ、破産、離婚などの人生に起きた辛い出来事。恋愛、結婚、出産などの幸せな思い出。読書、音楽鑑賞、スポーツ、旅行など、自分がこれまで好きだった趣味や習いごと。そして自分がこれまで勉強や仕事や家事などを通して培ってきたスキルや経験。今の自分や家族、友人、職場やコミュニティのつながりなどの関係性や、イベント、頼まれごと。気になった商品の特徴や顧客の悩み、社会トレンドなどのデータ。テレビやネットのニュース、誰かとの会話。散歩中といったふとした時に気づく、自然の豊かさ。こうしたすべての出来事の中に、今の自分の求める第3の案を導くためのサイン、つまり伏線が隠されているとしたら。**人生の逆境を乗り越える第3の案はきっと『ある』と信じることから始まる**のです。

世間の濁流に呑まれ、『ない』もの探しで目を曇らせてはいけません。『足るを知る』の言葉の通り、アイデアを導くためのヒントは、もう既に、あなたの人生の中に『ある』のです。

アイデアのサイン■●▲の法則　ポイント

▼『足るを知る』で、欠けているものではなくまずは今あるものに目を向ける
▼『ある』ことに感謝し、受け取り、成長し、社会をうるおそう
▼『自らに由る』ことで、状況に合わせて自分に必要なアドバイスを取捨選択しよう
▼【究極の質問】すべてのモノゴトが、あなたがアイデアを導くための伏線だったら？

《事例》仕事の成功など夢を『叶えるアイデア』：一語フェス

ではここからは、私自身の事例で夢や仕事の成功など夢を『叶えるアイデア』について紹介していきましょう。

2023年1月15日に『一語フェス』という、本の著者と本好きが集まるリアル&オンラインイベントがカタチになりました。このイベントは全国から参加者が集まり、結果的にX（当時のTwitter）のトレンド入りするなどの成果につながりましたが、実は企画から実施まで1ヶ月半くらいしかかかっておりません。

ではこの『一語フェス』がどのようにカタチになったのか。今回の『アイデアのサインの法則』に沿って、振り返ってみましょう。

1 WORD WORLD
一語フェス
2023年1月
1月15日（日）
10時－14時50分
@ブックホテル神保町オンライン&ZOOM
14日（日）21時－24時＊前夜祭
2023年の自分を動かす一語を見つけよう。
BOOK HOTEL 神保町
LECTIO
いれぶん塾

1日15分の知識貯金
1%読書術
マグ
読書のプロ
マグ
ブックホテル神保町
支配人 moon
BOOK HOTEL 神保町
いれぶん塾
Twitterのプロ
いれぶん
40代から手に入れる最高の生き方
「お金」「時間」「心」の成功法則!
読書のプロ、Twitterのプロ、言葉のプロたちが、本の聖地神保町に集結！
あなたを動かす「一語」との出会いをつむぐ、言葉の祭典。
ほしいを引き出す言葉の信号機の法則
全媒体で効果バツグン!
うるおす
言葉のプロ
堤 藤成
中川諒
いくつになっても恥をかける人になる
脱・無難な自分!
50のヒント収録
恥を乗り越える
言葉のプロ
中川 諒
決めつけない
言葉のプロ
阿部広太郎
それ、勝手な決めつけかもよ?
糸井重里さん推薦!
阿部広太郎

まずは**『目的のサイン』**からです。

まず私自身の「経路」つまり人生の大きな方向性としては、ずっとその中心となるテーマに『夢』がありました。学生時代には『夢追いクリエーター』と名乗って活動し、社会人になってからも、言葉やアイデアを通じ、企業やその先の消費者の夢を応援する活動を行ってきました。そして今回の「地点」としては、初めての著書である『ほしいを引き出す 言葉の信号機の法則』の発売に合わせて、何か販促活動をしたいと考えていました。ただし初めての出版であり直前まで本づくりに注力していたため、大型イベントを実施したいと思いつつ、何も準備できていませんでした。

つまり、理想案としては「大型書店などでのリアルイベント」を実施できたらなと思いつつも、まだ知名度もない著者の自分には、まさに夢物語のように感じていました。

また**『制約のサイン』**で見ていくと、まず「**Q：品質**」の視点で言えば、当時の日本では、コロナが終息に向かってはいたもののまだ全員マスクをしているような状態でした。また「**C：お金**」としても、普段の広告の仕事と違い、私1人で大きな会場を借りてイベントをやることもリスクが大きいと感じていました。さらに「**D：時間**」についても、私自身は普段はオランダにいることが多いため、日本に帰国する期間も1ヶ月ちょっとしか取れませんでした。そこで「現実案」で言えば、場所を限らないオンライン読書会を、知り合いを中心に小さく実施するくらいが限度かと思っていました。

さらに**『葛藤のサイン』**で当時の葛藤を味わうとすると「リアルな大きな出版イベントを開きたいけど、1人でちゃんとやれるか不安」ということが一番大きくありました。そんな理想と現実の間で葛藤しウジウジと悩んでいるままに、出版数日前を迎えたのです。その日はたまたま、読書コミュニティLectioを主宰されている『1%読書術』の著者マグさんが「みんなで好きな本を並べるリアルな本棚をつくりたい」という夢をつぶやかれていました。そして私はたまたま、初出版のゲン担ぎで本の街にある『ブックホテル神保町』に宿泊させていただいていました。そして、このブックホテルの1階ロビーには、愛情あふれるPOPなどの本棚がディスプレイされていたのです。その瞬間、頭の中に、この問いが浮かんだのです。

Q：すべてのモノゴトが、あなたがアイデアを導くための伏線だったら？

この問いを立てたことで、自分が置かれた困難な状況も、アイデアを導くためのサインであり伏線だと捉えることができました。もしすべてに意味があるとすれば、もしかしたら1つ1つは単なる偶然に見えるサインを紡いでいけば、何かのアイデアに導かれるかもしれない。まるでパズルのピースが組み合わさることで美しい絵が浮かび上がるように。

そこで弁証法的にまずは『疑問』を考えてみました。その当時の状況を正直に告白すれば、「目の前の本を売らなきゃ」という状況にプレッシャーを感じ「自分の夢をみんなに応援してもらえるイベント」という自分勝手なエゴで考えていました。だけど「それって本当に、『自分の夢をみんなに応援してもらえばいいの』？」と前提を疑ってみました。すると、「自分はこの本を通じて、みんなに夢を叶えるきっかけを届けたい」という、本を書いていたときの祈りを思い出しました。そして、ふっと自分を1つ上の次元に『上昇』させる仮説が湧いてきました。

「それなら仮に、『自分の夢を、みんなに応援してもらうイベント』にするのでなく『みんなの夢を応援するイベント』をつくればいい」

そしてこの仮説が出てからは、一気にアイデアが紡ぎ出されてゆきました。

私はすぐに「本棚をつくりたい」マグさんと「これから本好きに知られていきたい」ブックホテル神保町さんを引き合わせました。するとたちまち意気投合。読書コミュニティLectioの本好きのみんながお勧めする本棚付きの著者イベントを実施することになりました。

そのブックホテル神保町の支配人moonさんのお気に入りの本が『それ、勝手な決めつけかもよ？』という阿部広太郎さんの本でした。その阿部さんは、私と電通時代に年次も近く、一緒に切磋琢磨してきた同僚でした。だったら、「moonさんの夢を叶えたい」と阿部さんに連絡してイベントで登壇してもらうことに。

また、同じく読書コミュニティの中で活躍する、おとんさんという読書家の方が、たまたま読書会で感銘を受けた本として『いくつになっても恥をかける人になる』を紹介していました。その本の著者も、たまたま電通時代、私と同じ部の後輩だった中川諒さんだったのです。

さらに読書インフルエンサーのマグさんは、同じくX（当時のTwitter）のインフルエンサーである、いれぶんさんが大の親友でした。そのいれぶんさんもまた『40代から手に入れる最高の生き方』という著書を書かれており、いれぶん塾というコミュニティを中心に短い言葉でうるおす達人でした。

さらに、「偶然」という名の奇跡は紡がれます。この5人の著者とブックホテルが空いている日が2023年1月15日。いよいよ『保存』の段階です。15日にちなみ『一語（いちご）』という語感を活かし、こうしたアイデアに言語化しました。

『一語フェス：自分を動かす一語と出逢う言葉の祭典』

こうして言語化されたことで、アイデアはプロジェクトになり動き出したのです。とはいえイベントまでは、1ヶ月半ほどしかありません。急ピッチで、目的と制約条件をさらに解像度を上げつつ、プロジェクトを進めていきました。

まずは「経路」として、この神保町から著者イベントを行うことの意義を整理しました。PRに協力いただいた米澤さんは、こんな調査データを見つけてくれました。

楽天グループが2022年9月に実施した「読書習慣と幸福度（生活の充実度）の関連性」に関する調査では、「毎日本を読む」人は「本を全く読まない」人より、「生活が充実している」と回答する割合が約20ポイント高く、より幸福を感じる傾向にあることが明らかになったと報じています。

つまり本を読む人が減った現代だからこそ、複数の著者からのメッセージで本を読もうと伝えることは人々の幸せにも貢献できます。また日本出版インフラセンターによると、2012年に全国に1万6722店あった書店は22年には1万1952店と、10年間で約3割減少しています。つまり今回のイベントを通じて、本棚から気軽に読みたい本を選ぶように、本を読む文化を応援することは社会的意義がある、と確信することができたのです。

さらに今回は、リアルな『ブックホテル神保町』だからこそ可能なイベントにしたいと思いました。イベントの参加者には、直接会って話を聞けるようにオフライン限定の交流会を用意しました。またブックホテルさんの案内で、神保町の本にまつわるお店で食事を楽しむことができるようなアイデアも。筆文字アーティストのはるがぉさんは、得意の筆文字で、参加者が自分の心に残った言葉を書ける色紙も用意してくれました。また、どうしても当日現地で参加できない人のために、オンラインでも同時視聴し質問できるように。さらにX（当時のTwitter）では、15日の同じ時刻に一斉に自分を動かす一語をつぶやくことで、どの参加者もみんな自分の夢へと一歩踏みだす機会をつくれるように、マグさんやブックホテルさんをはじめ多くの協力者と一緒に丁寧に設計していきました。

実施に向けては、凝ったウェブサイトではなくブログで簡単につくれるシンプルなWEBサイトを制作。またクオリティ面では、1月らしく「新年の挑戦」という前向きなテーマを設定し、本のイベントらしく楽しいけれど知的な印象を目指しました。当日に向けては、スキル・時間・お金の制約を1つ1つクリアしながら、イベントの構成や台本、会場に使うマイクなどの備品購入、配信テストなど必要な要素をチームで詰めていきました。さらに、当時はまだコロナの影響がありましたので、リアル参加の人数を限定したり、マスク着用を必須にしたりするなど、詳細も詰めていきました。また直前の盛り上げには、インフルエンサーのマグさんやいれぶんさんをはじめ、多様なコミュニティの方々が応援し、広げてくださいました。

おかげでイベント当日はX（当時のTwitter）でも#一語フェスがトレンド入りするなど大盛況で、当日参加された方からも大満足の声をいただきました。本当に短い準備期間しか取れず、当日まで胃が痛い日々でしたが、皆さんのご縁が紡がれて大成功で幕を閉じることができました。

こうしてイベントを振り返って思うのは、**カタチになるアイデアとは、『みんなに愛されるアイデア』だということ**です。当初の私のエゴだけで「本を買ってください」というイベントをやっても、知り合いと小さくオンラインで集まって終わりだったと思います。しかし、「こんなイベントなら参加したい」「カタチにしたい」と、みんなが当事者として夢を実現する一歩になる、そんな目的地をクリアに定めることができれば、一気にアイデアは加速していきます。さらに、参加者それぞれに持つスキルやお金、時間には制約があります。だからこそ、リアルの場で深く体験することも、オンラインから気軽に参加することもできるように、それぞれが無理なくみんなが幸せを紡げるように設計しました。

こうして『アイデアをカタチにする』ことは、多くのことを考える必要があり、正直、楽ではありません。でも、だからこそ**理想を描き、現実の制約条件から逃げずに、本当にみんなが求めるアイデアをカタチにしようと行動すれば、その過程で多くの人に支えられる**でしょう。

実際、『一語フェス』は、自分ひとりのチカラでは、絶対に実現できなかったイベントだと断言できます。すべての参加者のチカラが合わさることで、予想を超えた未来までドライブできた、そんなイベントになりました。あらためて、関係者の皆さん、参加者の皆さんには、心より感謝を述べさせていただきます。

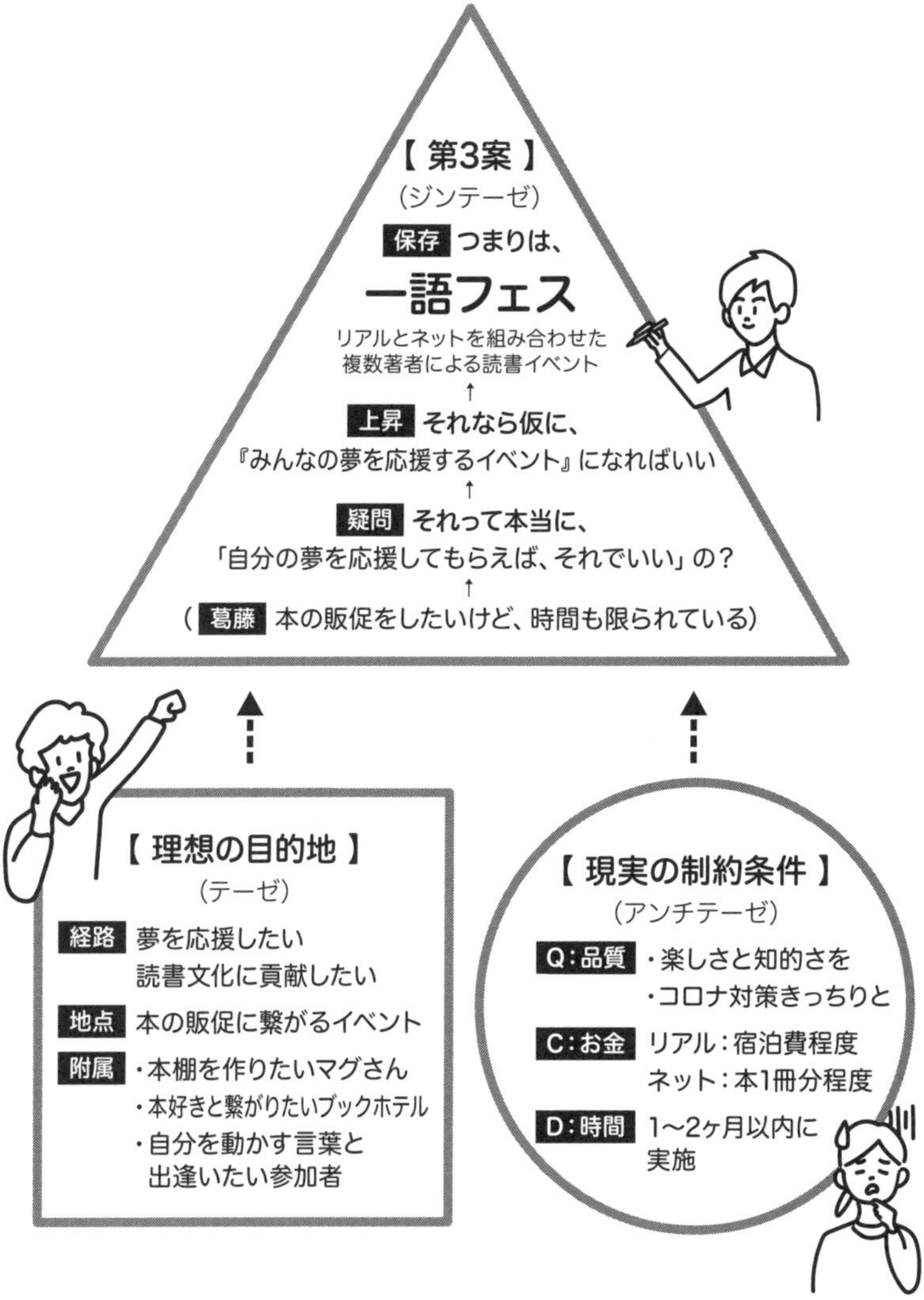
【 第3案 】
（ジンテーゼ）
保存 つまりは、
一語フェス
リアルとネットを組み合わせた
複数著者による読書イベント
↑
上昇 それなら仮に、
『みんなの夢を応援するイベント』になればいい
↑
疑問 それって本当に、
「自分の夢を応援してもらえば、それでいい」の？
↑
（ 葛藤 本の販促をしたいけど、時間も限られている）
【 理想の目的地 】
（テーゼ）
経路 夢を応援したい
読書文化に貢献したい
地点 本の販促に繋がるイベント
附属 ・本棚を作りたいマグさん
・本好きと繋がりたいブックホテル
・自分を動かす言葉と
出逢いたい参加者
【 現実の制約条件 】
（アンチテーゼ）
Q：品質 ・楽しさと知的さを
・コロナ対策きっちりと
C：お金 リアル：宿泊費程度
ネット：本1冊分程度
D：時間 1〜2ヶ月以内に
実施

《その他の具体例》『整えるアイデア』『奏でるアイデア』

先ほどの『一語フェス』のようなイベントなど、いきなり『叶えるアイデア』は難易度が高いと考える人も多いと思うので、もう少し身近なアイデアについても紹介しましょう。まずは睡眠、運動、食事など、心と体の健康を『整えるアイデア』からです。

忙しい中でウォーキングを習慣化する『整えるアイデア』

もともと私の『**目的のサイン**』としては、40代に入り健康習慣を整えたい、と思っていました。でもこれまで何度やっても続きません。一方『**制約のサイン**』では、仕事のインプットなどで忙しく、まとまった運動時間が確保できないということがありました。またパーソナルトレーナーなどはお金もかかりますし、もっと気軽な運動を望んでいました。

そこで**『葛藤のサイン』**でまず前提を疑ってみると「それって本当に、運動じゃなきゃいけないの?」という言葉が湧いてきました。なぜなら、読書や犬の散歩などの習慣は無理しなくても続いていたからです。次に「それなら仮に、結果的に心と体が健康になる習慣をつくればいい」という仮説へと『上昇』させることができました。いよいよ『保存』の段階です。今回は、既に私が習慣にしている「読書」と「愛犬の散歩」から考えてみました。パッと頭に浮かんだのは、小学校時代に正門の横にあった「二宮金次郎」の銅像でした。二宮金次郎といえば、背中に薪を抱え、移動時間さえ歩きながら本を読んでいたというエピソードが有名ですよね。

そこで『二宮犬次郎』作戦というアイデアを考えました。つまり愛犬のポメラニアンであるサンデーに私のパーソナルトレーナー役になってもらい、広い公園で一緒にかけっこします。その行き帰りの散歩中は、電子書籍をスマホの音声読み上げ機能を使って耳読書で楽しむことにしました。ちなみに電子書籍の読み放題サービスであるKindle Unlimitedは月980円で200万冊以上の本が読めるのでおすすめです。もちろんAudibleなどを活用するのも良いと思います。

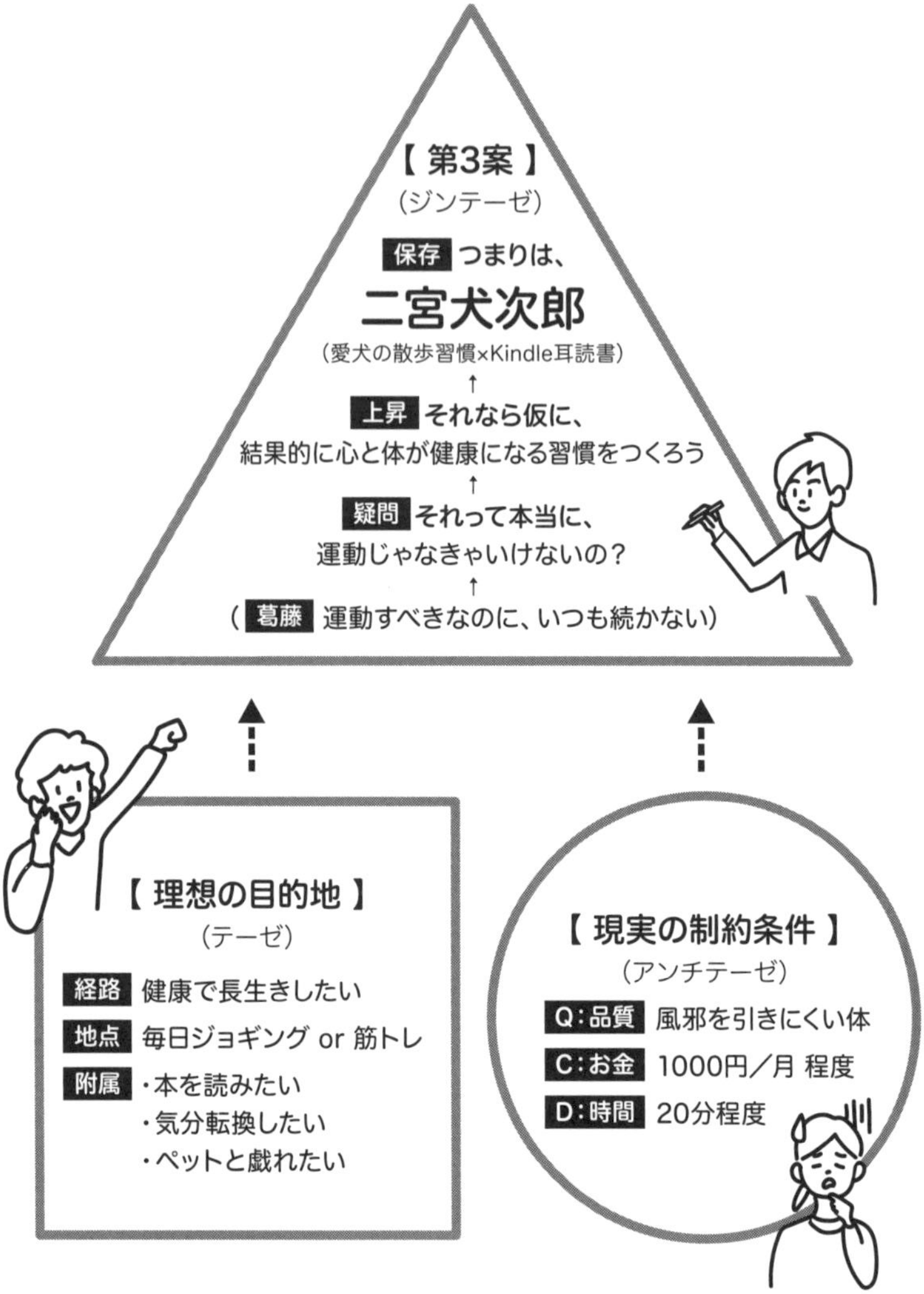
【第3案】
（ジンテーゼ）
保存 つまりは、
二宮犬次郎
（愛犬の散歩習慣×Kindle耳読書）
↑
上昇 それなら仮に、
結果的に心と体が健康になる習慣をつくろう
↑
疑問 それって本当に、
運動じゃなきゃいけないの？
↑
（葛藤 運動すべきなのに、いつも続かない）
【理想の目的地】
（テーゼ）
経路 健康で長生きしたい
地点 毎日ジョギング or 筋トレ
附属 ・本を読みたい
・気分転換したい
・ペットと戯れたい
【現実の制約条件】
（アンチテーゼ）
Q：品質 風邪を引きにくい体
C：お金 1000円／月 程度
D：時間 20分程度

結果この『二宮犬次郎』作戦によって、犬の散歩&読書&運動という3つを同時に習慣化することができました。おかげで読書という仕事上のインプットの時間もウォーキング中に確保できるため、心と体が整い幸せホルモンのセロトニンが分泌される、素敵な習慣を身につけることができました。

昼寝がより快適になる『整えるアイデア』

また運動だけでなく、睡眠の領域でも理想と現実の制約の中でアイデアはたくさんカタチにすることができます。

例えば、私はどうしても時差の関係で夜中・早朝から働くことが多くありました。『**目的のサイン**』としては睡眠効率を上げたい。『**制約のサイン**』としては、昼寝したくても昼間の明るさでなかなか眠りにつけない。そこで『**葛藤のサイン**』で悩んでいたのですが、シンプルに「アイマスク」をつけて昼寝をするだけで、一気に深く眠れるようになりました。これで20分間の昼間の仮眠の効率が上がったのです。

健康的な食事の習慣を維持する『整えるアイデア』

また食事の領域では、TikTokerの『みか@ライスペーパーネキ』さんの取り組みがアイデアにあふれていて面白いと思いました。

この方の取り組みを『アイデアのサインの法則』で整理すると、**『目的のサイン』**としてダイエットを楽しみたいという目的を掲げつつ、**『制約のサイン』**としては、コロナ禍で外出が難しいことがありました。そんな葛藤の中で、「カロリーの少ないライスペーパーを使ったダイエット料理を発信し続ける」というアイデアに辿り着かれたことで、楽しみながらダイエットを叶えました。そして結果的に料理本の出版にもつなげていて、素晴らしいなと思いました。

趣味のつながりを『奏でるアイデア』

続いて、愛やつながりを『奏でるアイデア』も紹介しておきましょう。

私は以前、**『目的のサイン』**として、人とのつながりを増やすための異業種交流会や音楽LIVEへの参加、旅などの趣味を充実させたいと思っていました。一方**『制約のサイン』**で言えば、ただでさえ仕事と家庭で忙しいので、そうした時間はなかなか取れないと感じていました。そんな**『葛藤のサイン』**の中、たまたま同じTHE YELLOW MONKEYや吉井和哉ファンが仕事仲間にいたことから、勢いで『イエモン会』を立ち上げました。ライブ終わりに感想を言い合うような、ゆるい飲み会から始まって、イエモンのDVDを見ながら語り合うという趣味の集いでした。それが意外と「あの人もファンらしいよ」というようにつながりの和が広がっていきました。現地集合・現地解散で、地方のライブツアーに参加すると、家族の旅先になったりもしました。これは、意図せず、異業種交流会＋趣味のLIVE観戦＋旅が叶ったアイデアの例です。

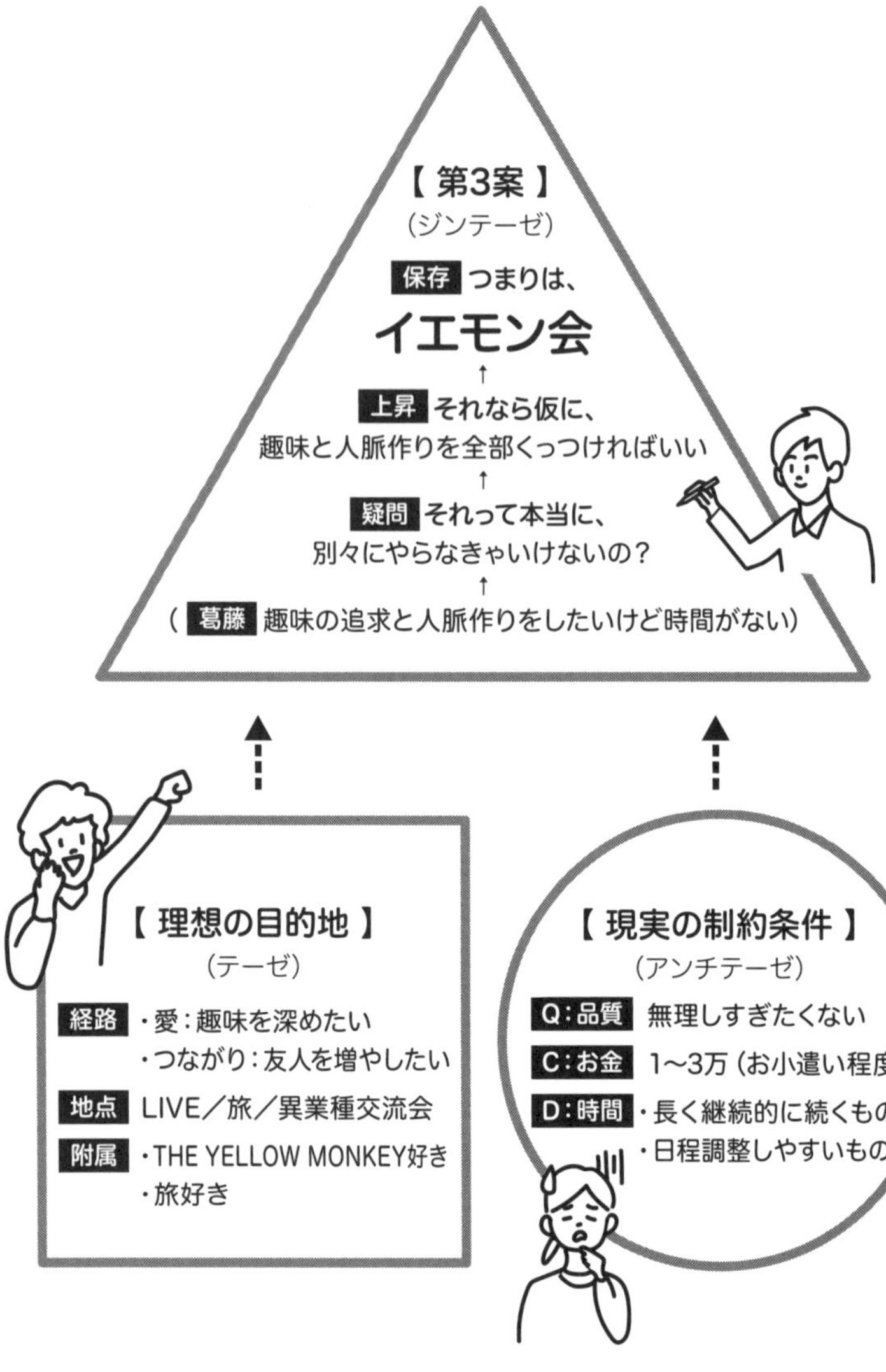
【第3案】
（ジンテーゼ）
保存 つまりは、
イエモン会
↑
上昇 それなら仮に、
趣味と人脈作りを全部くっつければいい
↑
疑問 それって本当に、
別々にやらなきゃいけないの？
↑
（葛藤 趣味の追求と人脈作りをしたいけど時間がない）
【理想の目的地】
（テーゼ）
経路 ・愛：趣味を深めたい
・つながり：友人を増やしたい
地点 LIVE／旅／異業種交流会
附属 ・THE YELLOW MONKEY好き
・旅好き
【現実の制約条件】
（アンチテーゼ）
Q：品質 無理しすぎたくない
C：お金 1～3万（お小遣い程度）
D：時間 ・長く継続的に続くもの
・日程調整しやすいもの

家族のつながりを『奏でるアイデア』

これは大工をしているうちの父の事例です。

以前実家に帰省した際、**『目的のサイン』**で言えば、父は孫を少しでも喜ばせたいという目的を持っていました。しかし**『制約のサイン』**で言えば、福岡県八女市の実家には子どもが喜ぶゲームなどがありません。暇にしている孫の様子を見て**『葛藤のサイン』**を感じていた父。そこで、「山にいこう」と言い出したのです。そして親戚の山で孫と一緒に竹を切り、そうめん流しキットを作成していました。小さい川を渡した竹のそうめん流しは、孫だけでなく祖父・祖母まで喜ぶ素敵な思い出になりました。父は『アイデアのサインの法則』を知っていたわけではないと思いますが、本能的に、今自分ができるスキルと手に入るものを組み合わせて、アイデアをカタチにしていたのです。

学びのつながりを『奏でるアイデア』

いきなり奏でるアイデアを自分で企画できない場合は、まずは自分が興味のあるコミュニティやイベントに顔を出してみることから始めるのも良いと思います。そうしたコミュニティでの縁がきっかけで、将来的に一緒に『叶えるアイデア』をカタチにする仲間と出会えることもあるでしょう。実際、私自身も読書コミュニティLectioやいれぶん塾などがきっかけで、一語フェスにつながったりもしました。ぜひ皆さんの「興味」や「推し」でつながる集まりなどで、愛とつながりを奏でてオキシトシンを分泌させる良いアイデアを生み出しましょう。

また世の中には、キャリアやウェルビーイング、コーチング、アートなど自分が学びたいジャンルのスクールなども広がっています。もちろん、世の中になければ、自分でコミュニティをつくってみるのもいいと思います。

さらに私自身も、本を読んで終わりではなく、本を読んでから始まる実践型コミュニティとして、言葉やアイデアで夢を紡ぎ合う『つむぐ塾』という新たな取り組みを始めました（詳しくは、巻末の著者WEBサイトへ）。

誌面の都合上、ここでは紹介しきれませんが、コミュニティの方ではメンバーの取り組みの例なども紹介しておりますので、参考にしていただけたら嬉しいです。

こうして『整えるアイデア』『奏でるアイデア』『叶えるアイデア』の一例を紹介してきましたが、私自身も正直なところ、アイデアがカタチにならないこともあります。

それは振り返ると、ブレストの罠にハマっていたり、目的のサインのどれかが抜け落ちてしまっていたり、ＱＣＤの事故に遭ってしまっていたりすることがほとんどです。

誰だって完璧になることはできません。また、どうしても好きになれないクライアントに対して、愛でまなざすことができない場合もあります。

でも大切なことは、交通ルールのようなアイデアの基本ルールに気づき、ダメな自分でも、そこに少しでも近づこうとする姿勢だと思うのです。

さあ、小さなアイデアから、一緒に叶えていきましょう。

『アイデアのサインの法則』まとめ
イデアとアイデアの間で

今回の『アイデアのサインの法則』のまとめとして、最後にアイデアの起源とそのアイデアの思想の原点をお伝えしたいと思います。哲学的な内容など少し難しい点も含むのであえて最後に持ってきました。よろしければ最後の『アイデアの教習』にお付き合いください。

アイデアの起源を遡ると、「イデア」に辿り着きます。イデアとは「観念」のことで、古代ギリシア語の「見る」の動詞「ｉｄｅｉｎ」からきています。哲学者のプラトンが、自らの肉眼で見えるカタチではなく、魂の目によって見えてくる「ものごとの原型」や「本来のカタチ」を表すものとして定義したものです。

例えば、どれだけ精密に丸や三角、四角の図形を描いても、ミクロの視点まで拡大すれば、必ず少し歪んでしまいます。つまり、目に見える肉眼の世界には、純粋な丸も四角も三角も存在しません。地上にはない「究極の理想」をイデアと呼びます。

その、魂でしか見ることのできない本質をまなざすこと。人の喜びとは、自然や社会の中に立ち昇る、本質としてのカタチを見つけることにあります。知を愛する、それをフィロソフィまたは哲学と呼びます。つまり『アイデアをカタチにする』ことは、哲学的に言えば、まだ世の中で見いだされていない理想（イデア）をまなざし、制約を超えて現実の世界へと導き出すことです。さらに言えば、プラトンの提唱したイデア論をアリストテレスは、のちに「可能態」と「現実態」という概念に発展させました。つまり木の種子は木になる可能性を備えた存在であり、それがのちに実際に木という「現実態」になるのです。つまりここでも、アイデアが持つ潜在的な可能性をまなざすことの大切さが語られているのです。

現代人は「自分の力だけでアイデアはつくれる」と傲慢さでアイデアをコントロールで

きるかのように考えがちです。また無慈悲な「叩き台」でサンドバックのように、アイデアの命を、無自覚に奪い続けています。

この世界に陰と陽、光と影が存在するように、世の中にカタチを生じたアイデアの背後には、必ずイデアがあります。そしてまだ世の中には、生まれでることさえできていない無数のイデアたちがいます。その声にならないイデアの声に耳を傾けてほしいと思います。

人生は、枝分かれする大樹のように、あなたが選択した分だけ、無数に未来が存在します。あなたが『アイデアのサインの法則』を使って考えても、いいアイデアに辿り着けないときも、焦らないでほしいと思います。我が子の誕生を待ち望む親のような気持ちで待っていてほしい。愛おしいアイデアが生まれる瞬間は、何事にも代え難い人生の喜びです。

マザーテレサはこんな言葉を残しています。

『大切なのは、どれだけ多くをほどこしたかではなく、
それをするのに、どれだけ多くの愛をこめたかです』

終　章

■●▲

『アイデアのサイン』で、人生を乗りこなせ

極端な話、これから人生をかけてたった1つ、何か自分の中で納得できるアイデアを生み出せたとしたら、それだけで十分人生は素晴らしいと思いませんか。「たくさんのアイデアが出せない」などと、周りの目を気にする必要はありません。人生は限られています。たくさんのアイデアを思いついても、人間が実行できるアイデアには限りがあります。だから無理にどこかで見たアイデアをカタチにしなきゃと焦るよりも、自分の理想と現実の葛藤を乗り越え、自分が愛せるアイデアが生まれてくる瞬間を信頼しましょう。

もちろん、そのアイデアは、偉大な発明や芸術作品でなくて構いません。『バタフライ・エフェクト』のように、たとえ小さな蝶の羽の揺らぎだったとしても、それが連綿とつながって、いつか巨大な竜巻を起こせるかもしれないのです。

スティーブ・ジョブズが昔、偶然もぐり込んだカリグラフィの授業に感銘を受け、その後パソコンに綺麗なフォントを導入したという逸話があります。この逸話ではジョブズにスポットライトが当たりますが、私は別の見方もできると思っています。

その先生が、学生の心に残るように工夫してカリグラフィの授業のアイデアを実行したからこそ、ジョブズの心の奥に長く残っていたのではないか、と。その先生がいい加減に授業をこなしていたら、ジョブズがカリグラフィに興味を持つこともなく、今もパソコンのフォントはとても読みにくいものだったかもしれません。そう考えると、直接的に偉大なアイデアを生み出せなくても、「面白い授業をする」といった間接的な小さなアイデアの働きかけでも、あなたが世界を変えられる可能性に気づきませんか。

例えば「おはよう」と毎日明るい挨拶をすることを続けるアイデアから、やる気にあふれ上場するスタートアップが生まれるかもしれません。好き嫌いなく健康になれる献立を工夫するアイデアから、将来メジャーリーグで活躍する選手だって生まれるかもしれません。しばらくやり取りをしていない友人に「最近どう?」と声をかけるアイデアだけで、明日の自殺を止められるかもしれません。

Q:すべてのモノゴトが、あなたがアイデアを導くための伏線だったら?

終章
■●▲
『アイデアのサイン』で、人生を乗りこなせ

この言葉を日々自分に投げかけながらサインを見出すこと。道標（みちしるべ）とはつまり、サインそのものですし、あなたが何かの約束を守るときに書く誓約書の署名もまた、サインです。未来の目的を見据え、制約を受け入れると、葛藤の先にいつか必ず自分の運命を切り開くアイデアに出逢えるはずです。パウロ・コエーリョ氏は小説『アルケミスト』（角川書店）の中で、こう述べています。

『すべてのものは一つなんだよ。おまえが何かを望む時には、宇宙全体が協力して、それを実現するために助けてくれるのだよ』

いいことも悪いことも、あなたの周りで起きているそのすべてのものごとが、きっと何かのアイデアをカタチにするための伏線になる可能性を秘めています。それはあなたの人生が導く偉大なアイデアにつながっているのです。

目の前のアイデアだけに囚われず、広い視点でものごとをまなざすこと。アイデア同士の組み合わせから、新たな何かが導かれます。どうか小さなアイデアの種を愛情深く守り

続ける『まなざすマインド』を持ってほしい。アイデアの実を小さな木に、小さな木を林に、そして森へと育ててほしいと思います。

アイデアだって人間だって、欠点がないものなんてありません。うまくいかないのは当たり前。何度も転びながら、よちよち歩きができるようになる。思春期に盗んだバイクで走り出す『15の夜』を過ごしたり、失恋から人生の『ロングバケーション』に入りたくなったり。いつか大切な誰かにガラス細工の林檎をあげたくなるような恋愛の時代（『ラブジェネレーション』）を過ごすこともあるかもしれません。こうしてまたアイデアは、次の世代に紡がれてゆくのです。

アイデアは叩くのではなく、まなざすこと。こうした自分自身や、自分の家族や職場、そして日本の未来、地球の未来を『まなざすマインド』で探求しましょう。完璧を求めがちな社会だからこそ、不完全な自分自身を愛してほしい。ありのままの自分を自己受容し葛藤を味わうことから、すべてが始まるのです。

身の回りの誰かの困りごとをうるおすために、アイデアの種をまなざすこと。コンプレックスの中にこそ、あなただけのアイデアの種が埋まっているのです。

あなたが「ない」と嘆くその逆境に、意味が「ある」と心から思えたとき、人生を導くアイデアに出逢えるでしょう。

あなたが求めるときに、人生はいつでもあなたにサインを贈っています。それは一見、最悪の不幸に見えたり、取るに足りないものに見えたりするでしょう。ですが、あなたが心から自分の中のクリエイティビティを「ある」と信じるときに、あなたの中のクリエイティビティは光を放つのです。

STEP2

制約のサイン

丸い『規制標識』

反：制約と向き合うサイン

【 現実の制約条件 】
（アンチテーゼ）

Q：品質 クオリティ

C：お金 人モノ含む

D：時間 納期等

STEP3

葛藤のサイン

三角の『指示標識』

合：葛藤を乗り越え
第3の道を見つけるサイン

【 第3案 】
（ジンテーゼ）

保存 つまりは●●。
↑
上昇 それなら仮に、●●。
↑
疑問 それって本当に、●●？
↑
（ **葛藤** ジレンマを受け入れ味わう）

『アイデアのサインの法則』 要点確認シート

アイデア観：
『まなざすマインド』で、
アイデアの可能性をまなざし、
守り育てること。

『ブレスト屋』『即行動』
『選択と集中』『ダメ出し』
のタイプ別の罠を避ける／
自分のクリエイティビティを
信頼する

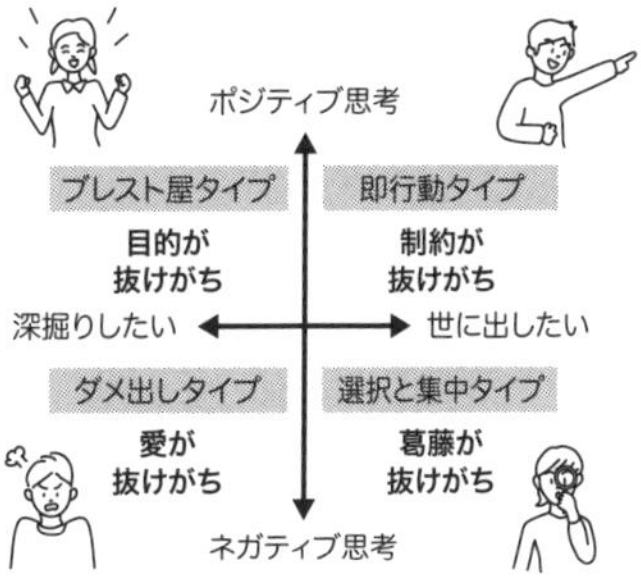

心を整えるアイデア、
つながりを奏でるアイデア、
夢を叶えるアイデアの順／
『足る』を知り、
『ある』でうるおし、
自らに『由る』

STEP1

目的のサイン

四角い『案内標識』

正：目的地を描くサイン

【 理想の目的地 】
（テーゼ）

経路 アイデアの方向性

地点 アイデアの目標地点

附属 寄り道、モチベーション等

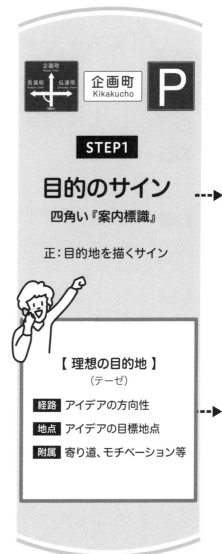

三角の『葛藤のサイン』

【 第3案 】

（ジンテーゼ）

保存 つまりは、

＿＿＿＿＿＿＿＿＿＿。

↑

上昇 それなら仮に、

＿＿＿＿＿＿＿＿＿＿。

↑

疑問 それって本当に、

＿＿＿＿＿＿＿＿＿＿？

↑

葛藤 （＿＿＿＿＿＿＿＿＿＿）

丸い『制約のサイン』

（現実の制約条件／アンチテーゼ）

Q：品質

＿＿＿＿＿＿＿＿＿＿

C：お金

＿＿＿＿＿＿＿＿＿＿

D：時間

＿＿＿＿＿＿＿＿＿＿

『アイデアのサインの法則』 フォーマット

テーマ：

アイデアの思想（アイデア観）＝まなざすマインド

Q：人生のすべてが、アイデアを導くサインだとまなざすなら？

思考法：①組み合わせ法：
アイデアは既存の要素の新しい組み合わせである

思考法：② SCAMPER 法：
□代用　□結合　□適応　□変更　□転用　□削減　□逆転

四角い『目的のサイン』
（理想の目的地／テーゼ）

経路

地点

附属

おわりに

言葉とアイデアで、『幸せに叶える』を紡ごう

最後までお読みいただき、ありがとうございました。まずはこの本を読んでくれているあなた、そして人生のあらゆる出逢いに感謝したいと思います。

あなたが今「夢ややりたいことがない」と焦りを感じているのは、これから誰よりも真剣に自分らしい人生を生きるポテンシャルがあるからです。「スキル・お金・時間がない」と制約を感じているのは、これからアイデアを実現するためのリソースを無意識に感じ取り始めているからです。理想と現実の間で「希望がない」という葛藤を感じているのは、葛藤こそイノベーションを起こすための準備体操だと本能で感じ取っているからです。「クリエイティビティがない」と感じているのは、自分の創造性はこんなもんじゃないという可能性を

まなざしているからです。だからあなたが「ない」ことに苦しんでいるのなら、まずは自分の心を癒し、その頑張りを労ってあげてほしいと思います。

本書を読んで、何かひとつでも心に感じたものがあれば、また時間を空けて読んでみてほしいと思います。本を読んでいいなと思ったことは、ほんのスプーンひとさじ程度でも日常に取り入れることで、逆境や葛藤の中でも人生が好転していくはずです。もちろんこの本では、私の経験だけでなく、できるだけ多くアイデアの事例や偉人たちの言葉やエピソードを通して、『アイデアの紡ぎかた』についてお伝えしてきました。

もちろん「アイデアさえあれば、逆境でもなんとかなる」なんて読むだけで満足しては、逆境の中から脱出することはできません。だから読んで終わりではなく、小さくても何かを始めること。自分自身のアイデアの思い込みを修正し、日々の行動や習慣を変えてみましょう。自分のアイデアを守れるのは自分自身だけなのです。

とはいえ、本書で書かれたことのすべてを完璧にやる必要はありません。まずはピンときた1行のメッセージだけでも試してもらえたら嬉しいです。私自身も本当に大切な本は、行動に移しては読み返しますし、時間が経ってから読むと「あれはそういうことだったのか」と腑に落ちていく経験をしています。だから、できることならこの本も、あなたの人生の傍にずっと置いて、悩みの沼に沈みかけたときに、また好きなページをめくってみてください。きっと答えは「ある」と信じることができれば、あなたはきっと素敵なアイデアを導くヒントに巡り逢えるはずです。

本書はいくつかの「既存の要素の組み合わせ」からできています。今回の本のメインテーマはご存知のように『アイデア』であり、『道路標識』をモチーフにしています。ですが実は、裏テーマとして陰陽五行論における『木（守備本能・愛）』のモチーフもまた重要な哲学になっています。古典的名著『アイデアのつくり方』のエッセンスやMBAで学んだ『制約理論』を深掘りして伝えること。ヘーゲルやプラトンなどの西洋思想。老子の道の概念などの東洋思想。そして電通とスタートアップとで学んだ、制約のある現場でのクリエイティブの実践的知恵。こうした観点をエッセンスとして混ぜ合わせ、これからの時代の『新しいアイデアの教科書』を目指しました。こうした試みが成功したかは、読者の皆さんの判断に委ねたいと思います。

なお拙著に興味を持っていただけた方は、前作『ほしいを引き出す 言葉の信号機の法則』もぜひ手に取っていただけたらと思っています。こちらは『言葉／信号機／水（うるおすマインド）』が登場します。言葉とアイデア。信号機（色）と交通標識（カタチ）。水が木を育てるように。『うるおすこと』と『まなざすこと』の相乗効果。それ以外にも色々と遊び心を加えておりますので、ぜひこの2冊を通じた循環も味わっていただけたら幸いです。

なお今回編集者の岩川さんには、信頼して原稿を待っていただき、本当に感謝しております。最後に、今作において特に私とともに愛を紡いできた人々を紹介させてください。

これまで一緒にお仕事させていただいたクライアントやプロダクションの皆さんには日々学ばせていただいています。株式会社フェズの仲間たちには、スタートアップらしく前向きに挑戦する姿勢を。また前作から引き続き挿絵を担当してくれた、アートディレクターの田頭慎太郎さんに感謝を。学生時代を支えてくれた恩師や友人、就活時代や社会人になってからの仲間のおかげで、辛い時もなんとか前に進めました。

また『一語フェス』をともに紡いだ皆さんにもあらためて感謝を。あの日自分を動かした覚悟が、今回の本を書きあげる原動力となりました。また作家の本田健さんには、執筆期間中にたまたまオランダの隣国であるドイツで講演されるという偶然が重なり、直接アドバイスをいただきました。あらためて心より感謝いたします。

前作から引き続き、これまで多くの団体やコミュニティから応援をいただきました。Lectio、いれぶん塾、本田健オンラインサロン、Schoo（スクー）、サーキュレーション、ZaPASS、ICORE、FOLKE、DANRO、あからん、トラスタイル、PBA、Hintゼミ、SNS攻略サロン、GOALIBをはじめ、さまざまな企業、学校、自治体などでの講演・ワークショップ・読書会などの機会をいただき、ありがとうございました。

また本書のベースとなった講義『アイデアのサインの法則』の書き起こし等にご協力いただいた神崎さん、河野さん、黒田さん、動画編集の西方さん、PRで協力いただいた米澤さ

■●▲
おわりに

んに感謝を。さらに原稿へのフィードバックや応援に関して梶さん、佐藤さん、荻原さん、川添さん、鶴岡さん、山口さん、坂田さんをはじめ、『つむぐ塾』の塾生たちに感謝を。これから自分のパーパスを大切に、『幸せに叶える』を紡いでいきましょう。

最後に、母には逆境の中でもものごとの良い側面を見つける姿勢を。父には身近な創意工夫やモノづくりの魂を。そして妹や親戚、先生たちなど地元福岡の方々や、東京・名古屋・関西、海外など多くの友人たちに応援してもらえたことがこの2作目を書く励みになりました。また妻と息子、ポメラニアンのサンデーへ。人生に逆境はつきものですが、なんとか乗りこなしていきましょう。

この本は私ひとりのアイデアではなく、これまで私が出逢った多くの愛が紡がせてくれたものです。誌面の都合でこの場でお礼を伝えられない方々にもあらためて感謝いたします。これまで私1人で成し遂げられた仕事は、何ひとつありません。すべては一緒に縁を紡ぎ合えた仲間たちの愛のおかげです。

そして最後になりましたが、この本を読んでくれたあなたへ、本当にありがとうございました。

あなたが、あなたらしいアイデアで『幸せに叶える』を紡げますように。

お茶畑が広がる、福岡八女市の実家にて

堤　藤成

追伸　読者のあなたへ

最後に、あなたの覚悟をカタチに残し、人生を乗りこなすための『アイデアの誓約書』をご用意しました。想いを持ってサインすれば、あなたを導く、お守りとなるはずです。

人生を乗りこなす『アイデアの誓約書』

Q　人生のすべてが、アイデアを導くサインだとまなざすなら？

私は、目的を定め、制約と向き合い、葛藤を乗り越え、アイデアで『幸せに叶える』を紡ぐことを誓います。

名前（　　　　　　　　　　）
日付（　　　年　　月　　日）

『アイデアの教習所』認定証

参考文献

阿部広太郎（2021）
『それ、勝手な決めつけかもよ?』ディスカヴァー・トゥエンティワン
アラン・ピーズ（2022）
『新版 自動的に夢がかなっていくブレイン・プログラミング』サンマーク出版
アレン・ガネット（2018）『クリエイティブ・スイッチ』早川書房
池田書店編集部（2017）『人生を動かす　賢者の名言』池田書店
イ・ソユン、ホン・ジュヨン（2021）『The Having』飛鳥新社
茨木のり子（1977）『自分の感受性くらい』花神社
いれぶん（2022）『40代から手に入れる「最高の生き方」』KADOKAWA
エイミー・ジョーンズ（2022）『物語のつむぎ方入門』創元社
エリヤフ・ゴールドラット（2023）『コミック版 ザ・ゴール3』ダイヤモンド社
樺沢紫苑（2021）『精神科医が見つけた3つの幸福』飛鳥新社
クレイトン・クリステンセン（2001）
『イノベーションのジレンマ 増補改訂版』翔泳社
斉藤 徹（2021）
『だから僕たちは、組織を変えていける』クロスメディア・パブリッシング
サラス・サラスバシー（2015）『エフェクチュエーション』碩学舎
ジェームス・W・ヤング（1988）『アイデアのつくり方』CCCメディアハウス
ジム・コリンズ（2021）『ビジョナリー・カンパニーZERO』日経BP
田坂広志（2005）『使える弁証法』東洋経済新報社
苫米地英人（2010）『コンフォートゾーンの作り方』フォレスト出版
中川 諒（2021）
『いくつになっても恥をかける人になる』ディスカヴァー・トゥエンティワン
中川 諒（2023）『発想の回路』ダイヤモンド社
パウロ・コエーリョ（1997）『アルケミスト　夢を旅した少年』角川書店
樋口清之（2014）『梅干と日本刀』祥伝社
本田 健（2003）『ユダヤ人大富豪の教え』大和書房
マグ（2022）『1%読書術』KADOKAWA
松永光弘（2023）『伝え方』クロスメディア・パブリッシング
森岡 毅（2014）
『USJのジェットコースターはなぜ後ろ向きに走ったのか?』角川書店
吉野 弘（1968）『現代詩文庫12　吉野弘詩集』思潮社

プレゼント

読者限定 **動画講義をプレゼント中！**

＋

読者コミュニティ『つむぐ塾』で実践を

本書で語りきれなかった項目についても解説した特典動画を贈呈中！

最後まで読んでくれた方へお礼をご用意しました。

著者・堤藤成の公式サイトから、読者限定プレゼントとして『アイデアのサインの法則』特別動画講義をプレゼントします。本書で泣く泣くカットした内容なども動画講義でお届けします。

特典動画の受け取り方法やコミュニティへの参加方法など、詳しくは著者 WEB サイトをご確認ください。

また本の感想はぜひ（#アイデアの紡ぎかた）をつけてシェアいただけると嬉しいです。できるだけ、いいね、コメント、リポストなどもさせていただきます。

WEBサイト tsutsumifujinari.com

X（旧Twitter） @tsutsumifuji

YouTube @tsutsumi_copywriter

Instagram @tsutsumifuji

メールアドレス tsutsumifujinari@tsutsumifujinari.com

著者 WEB サイトや SNS 等のおまとめリンクはこちら

※特典講義＋コミュニティなどのサービスは、予告なく終了する場合がございます。

堤　藤成（つつみ・ふじなり）

『つむぐ塾』塾長／コピーライター

生まれつき右耳が聞こえず、コミュニケーションにコンプレックスを抱えた結果、言葉で魅了するコピーライターに憧れる。中学の卒業文集に「CMをつくりたい」と記し行動を続け、新卒で電通に入社。新人時代はアイデアが採用されずにもがき苦しむ。しかし制約を味方にしてアイデアを導くための思想を身につけたことで、国語の教科書に掲載される広告をつくるなど徐々に結果を出せるようになる。クリエイティブやデジタルなどの部署を経て、マレーシアのELM Graduate SchoolでMBA取得。スタートアップ転職後はオランダと日本を行き来し、クリエイティブ視点でのブランディングを担当。言葉やアイデアで『幸せに叶えるを紡ぐ』を実践するコミュニティ『つむぐ塾』主宰。カンヌGOLD、日本新聞協会新聞広告クリエーティブコンテスト・グランプリ&コピー賞、宣伝会議Advertimes（アドタイ）第1回コラムニストグランプリなど受賞多数。
著書に『ほしいを引き出す 言葉の信号機の法則』（ぱる出版）がある。

【著者WEBサイト】tsutsumifujinari.com
【メールアドレス】tsutsumifujinari@tsutsumifujinari.com
【X（旧Twitter）】@tsutsumifuji

制約《せいやく》をチャンスに変《か》える アイデアの紡《つむ》ぎかた

2023年12月1日　初版発行

著　　者　堤　藤成
発 行 者　和田智明
発 行 所　株式会社 ぱる出版
〒160-0011　東京都新宿区若葉1-9-16
代表 03(3353)2835　FAX 03(3353)2826
本書籍に関するお問い合わせ、ご連絡は下記にて承ります。
https://www.pal-pub.jp/contact/

印刷・製本　中央精版印刷株式会社

ISBN978-4-8272-1417-8　C0030